COGNITIVE STRATEGY CONCEPTS (COSCO)

Jörg Fengler

Strategisches Wissensmanagement:

Die Kernkompetenzen des Unternehmens entdecken

Mit Geleitworten von

Prof. Dr. Franz Liebl

und Till Novotny

Herausgeber der Reihe COSCO:
Prof. Dr. Franz Liebl
ARAL-Stiftungslehrstuhl für Strategisches Marketing
Universität Witten / Herdecke
Alfred-Herrhausen-Str. 50
D-58448 Witten

Die Deutsche Bibliothek – CIP-Einheitsaufnahme

Fengler, Jörg:
Strategisches Wissensmanagement: die Kernkompetenzen des Unternehmens entdecken / Jörg Fengler. Mit Geleitw. von Franz Liebl und Till
Novotny. - Berlin : Logos-Verl., 2000

(Cognitive strategy concepts ; 2)
ISBN 3-89722-463-1

©Copyright Logos Verlag Berlin 2000
Alle Rechte vorbehalten.

Umschlaggestaltung: Frank Pompé

ISBN 3-89722-463-1
ISSN 1437-7128

Logos Verlag Berlin
Michaelkirchstr. 13
10179 Berlin
Tel.: +49 030 42 85 10 90
Fax: +49 030 42 85 10 92
INTERNET: http://www.logos-verlag.de

panlogos

Dieses Buch wurde mit freundlicher Unterstützung der panlogos GmbH, Offenbach ermöglicht.
panlogos GmbH, Berliner Str. 77, D-63065 Offenbach/M.
Tel.: 069/8297920, Fax: 069/82979225, e-mail: willkommen@panlogos.de

„Strategic management is about people creating outcomes, not just about outcomes."

- COLIN EDEN, FRAN ACKERMANN -

„Mind Your Own Business"
oder: Wann Wissensmanagement wirklich strategisch wird

Prof. Dr. Franz Liebl

Wissensmanagement – oder das, was dafür gehalten wird – ist zur dominierenden Managementmode der späten 90er Jahre geworden. Begriffe wie „Wissensgesellschaft", „wissensbasierte Ökonomie" oder „wissensintensive Unternehmen" haben die Karriere des Wissensmanagements noch weiter befeuert. Je aufgeregter jedoch die Wichtigkeit des Themas diskutiert wurde, desto mehr trat in den Hintergrund, was Wissen und was Wissensmanagement eigentlich zu bedeuten hat; und zudem geriet aus dem Blickfeld, welche konkreten Ziele letzten Endes damit verfolgt werden sollen. Daher wundert es nicht, wenn nunmehr von verschiedenen Seiten „Rasender Stillstand" konstatiert wird, wie etwa in der *Frankfurter Allgemeinen Zeitung* vom 10. April 2000. Hohe Erwartungen waren von Wissenschaftlern und Beratern geschürt worden; in Wahrheit oszillierten ihre Konzepte jedoch wahlweise zwischen extrem abstrakt, extrem technokratisch und extrem bescheiden. Die Lehren aus mehr als zwei Jahrzehnten Forschung zur Wissensverarbeitung und „Artificial Intelligence" waren jedenfalls leichtfertig ignoriert worden.

Worum geht es überhaupt bei „Wissen"? Was unterscheidet Wissen von bloßer Information? Peter Senge hat schon vor Jahren – zu Recht – darauf hingewiesen, daß Wissen die Herstellung von Handlungsfähigkeit meint. Strategisches Wissen, so die naheliegende Folgerung, muß also die Funktion erfüllen, ein Unternehmen strategisch handlungsfähig zu machen bzw. diese Handlungsfähigkeit zu sichern. Damit ist das Programm eines sich strategisch verstehenden Wissensmanagements umrissen. Es besteht aus insgesamt zwei Komponenten, einer internen und einer externen.

Die interne Komponente des strategischen Wissensmanagements stellt auf die Kompetenzen eines Unternehmens ab. Denn Kompetenzen sind letztlich der Dreh- und Angelpunkt einer jeden Unternehmensentwicklung. Damit ein Unternehmen strategisch am Markt agieren kann, muß es seine (Kern-)Kompetenzen zum Tragen bringen. Die vorhandenen

Kompetenzen können jedoch erst dann sinnvoll auf Ebene der Organisation genutzt werden, wenn sie wahrgenommen werden, d. h., wenn ihre Identifikation und Bewußtmachung erfolgt ist. Genau an diesem zentralen Punkt existiert eine auffällige Leerstelle in der Diskussion um das Wissensmanagement. Und genau an diesem zentralen Punkt setzt Jörg Fengler mit seiner Arbeit über strategisches Wissensmanagement an. Was können wir eigentlich? Über welche Ressourcen bzw. Fähigkeiten verfügen wir? Wie ausbaufähig sind insbesondere diejenigen Ressourcen, die in der Zukunft entscheidend sein könnten? Das sind einige der Fragen, die geeignet sind, das *inside-out-orientierte Wissen* im Unternehmen systematisch zutage zu fördern. Und nur wenn diese Introspektion bzw. Selbstvergewisserung stattgefunden hat, ist es möglich, aussichtsreiche strategische Stoßrichtungen zu erkennen und die Kompetenzen auf eine solche Entwicklung hin zu mobilisieren. Diese Mobilisierung von Ressourcen und Fähigkeiten ist die natürliche Voraussetzung, um tatsächlich Unterscheidungskraft im Wettbewerb zu produzieren.

Die externe Komponente des strategischen Wissensmanagements erfaßt demgegenüber das *outside-in-orientierte Wissen*. Dieses stammt aus der Analyse des Unternehmensumfelds. Es geht also darum, aus den verstreuten, fragmentarischen und oft ambivalenten Signalen des Umfelds strategische Implikationen abzuleiten. Besonders wichtig ist in diesem Zusammenhang zu erfahren, was man *nicht* weiß. Darauf zielen die zeitgemäßen Formen des sogenannten Issue-Managements, der strategischen Frühaufklärung und der Trendforschung. Die Darstellung der Methoden, die „Schwachen Signale" im Umfeld zu erkennen, ihre möglichen Auswirkungen zu imaginieren und mit diesem outside-in-orientierten Wissen umzugehen, würden im vorliegenden Kontext zu weit führen und verdienen es, in gesonderter Form behandelt zu werden (siehe Liebl 2000; Janson/Liebl 2000). Nichtsdestoweniger zeigt Jörg Fenglers Buch, wie man die Ergebnisse aus der Kompetenzanalyse sinnvoll an vorhandenes Wissen über Umfeldtrends anschließt und wie man sie zu den eigenen Wettbewerbsvorteilen, die immer nur Wettbewerbsvorteile aus Kundensicht sein können (Rughase 1999), in Relation setzt. Hiermit liefert er eine leistungsfähige Plattform für die Formulierung einer Strategie.

Nunmehr dürfte klar geworden sein, inwiefern ein sich strategisch verstehendes Wissensmanagement von dessen herkömmlichen Spielarten differiert – und warum diese eine strategische Dimension vermissen lassen. Bei dem einen Extrem, der „harten" Version des Wissensmanagements, geht es vor allem darum, die *richtige* Information in *richtigem* Umfang zum *richtigen* Zeitpunkt an der *richtigen* Stelle (bzw. bei der *richtigen* Person) verfügbar zu machen. Das bedeutet letztlich nichts anderes, als die bekannten „4 r's" der Materiallogistik auf den Informationsbereich zu übertragen. Diese „Informationslogistik" wird jedoch allenfalls für operative, wohlstrukturierte Aufgaben mit einem hohen Grad an Vorhersehbarkeit möglich sein; für Zwecke der Strategie-Entwicklung besitzt sie keine Eignung. Das andere Extrem, die „weiche" Version des Wissensmanagements, kümmert sich dagegen überhaupt nicht mehr um Informationen und deren Veredelungsstufen, sondern versteht sich letztlich als das Management von Unternehmenskultur, also von gemeinsam geteilten Werten, stillschweigenden Annahmen, ungeschriebenen Gesetzen und anderen Klima-Faktoren der Mikro-Politik. Strategie-Inhalte sind hier kein Gegenstand des Interesses und spielen demzufolge keine Rolle mehr. Zwischen diesen beiden Polen existiert also eine nicht unbeträchtliche terra incognita, was das Wissen über das eigene Unternehmen angeht; für dessen Kartierung steht uns nunmehr endlich eine Methode zur Verfügung.

Literatur:

Janson, I.; Liebl, F.: Wie zukunftsorientiert ist das Wissensmanagement in deutschen Unternehmen? Eine empirische Studie der Market Lab AG und des CompetenceCenter Strategie&Marketing der Universität Witten/Herdecke; Berlin/Witten 2000
Liebl, F.: Der Schock des Neuen: Entstehung und Management von Issues und Trends; Gerling Akademie Verlag : München 2000
Rughase, O.: Jenseits der Balanced Scorecard: Strategische Wettbewerbsvorteile messen; Logos Verlag : Berlin 1999

Inhaltsverzeichnis

Verzeichnis der Tabellen und Abbildungen   12

1 Einleitung   15

2 Erklärungsansätze für strategischen Unternehmenserfolg   17
   2.1 Zielsetzung des strategischen Managements   17
   2.2 Die industrieökonomische Sichtweise des strategischen Managements   21
      2.2.1 Industrieökonomik – Wettbewerbsstrategie nach Porter   21
      2.2.2 Kritik des industrieökonomischen Ansatzes . . .   24
   2.3 Die ressourcenorientierte Sicht des strategischen Managements   25
      2.3.1 Der Ressourcenbegriff   26
      2.3.2 Der Erwerb von Ressourcen   30
      2.3.3 Strategisch relevante Ressourcen   32
      2.3.4 Kernkompetenzen   33
      2.3.5 Kritik des Resource-based View   35
   2.4 Praktische Strategieentwicklung mit komplementärer Nutzung von industrieökonomischer und ressourcenorientierter Perspektive   36
      2.4.1 Ausgangspunkt Unternehmensanalyse   40
      2.4.2 Ausgangspunkt Umfeldanalyse   42
      2.4.3 Resource-based View und Strategic Fit   44

3 Theoretische Fundierung eines strategischen Wissensmanagements   47
   3.1 Zielsetzung des Verfahrens   47
   3.2 Abgrenzung zu vorhandenen Methoden der Unternehmensanalyse   49
   3.3 Methodische Überlegungen   53
   3.4 Operationalisierung grundlegender Konzepte   60
      3.4.1 Ressourcen   61
      3.4.2 Vermögensgegenstände   61
      3.4.3 Fähigkeiten   64

4 Methodik eines strategischen Wissensmanagements — 71
- 4.1 Überblick — 71
- 4.2 Praxisbezug der vorgestellten Methodik — 72
- 4.3 Schritt 1: Identifikation der wettbewerbsrelevanten Ressourcen — 76
  - 4.3.1 Der Umfang der Ressourcenerhebung — 77
  - 4.3.2 Die Vorgehensweise zur Ressourcenerhebung – Datenermittlung — 80
  - 4.3.3 Die Vorgehensweise zur Ressourcenerhebung – Datenauswertung — 83
- 4.4 Fallstudie – Die Identifikation vorhandener Ressourcen — 86
  - 4.4.1 Festlegung des Teilnehmerkreises — 86
  - 4.4.2 Fallstudie – Interviewserie — 88
  - 4.4.3 Fallstudie – Auswertung der Interviewergebnisse — 91
- 4.5 Schritt 2: Bewertung der Ressourcen — 96
  - 4.5.1 Derzeitige Bedeutung – Absolute und relative Ausprägung — 100
  - 4.5.2 Taktische Bedeutung – Imitierbarkeit und Kundennutzen — 101
  - 4.5.3 Strategische Bedeutung – Zukunftsbedeutung und Ausbaufähigkeit — 105
  - 4.5.4 Zusammenfassung Ressourcenbewertung — 109
  - 4.5.5 Die Vorgehensweise zur Ressourcenbewertung – Datenermittlung — 110
  - 4.5.6 Die Vorgehensweise zur Ressourcenbewertung – Datenauswertung — 117
  - 4.5.7 Ergebnisse der Ressourcenbewertung — 129
- 4.6 Fallstudie – Die Bewertung des ermittelten Ressourcenportfolios — 132
- 4.7 Schritt 3: Verzahnung mit der Umfeldanalyse — 138
- 4.8 Fallstudie – Die Rückkoppelung der Untersuchungsergebnisse — 141

5 Zusammenfassung und Ausblick — 147

6 EPILOG — 151
T. Novotny: Wissensmanagement oder der Flug des Ikarus

7 Literaturverzeichnis — 171

Verzeichnis der Tabellen und Abbildungen

Tabellen

Tabelle 1	Begriffe des RBV
Tabelle 2	Struktur des untersuchten Unternehmens
Tabelle 3	Ausschnitt aus dem Gesamtressourcenportfolio des untersuchten Unternehmens
Tabelle 4	Kriterien strategischer Relevanz im Diskurs des RBV
Tabelle 5	Kriterien der taktischen Beurteilung
Tabelle 6	Kriterien der strategischen Beurteilung
Tabelle 7	Anforderungsprofile der Ressourcenbewertung
Tabelle 8	Anforderungsprofile der Ressourcenbewertung auf der Ordinalskala
Tabelle 9	Beispiele Auswertung
Tabelle 10	Ergebnisse der Ressourcenbewertung
Tabelle 11	Anzahl besonderer Ressourcen des Unternehmens nach Bewertungsebenen
Tabelle 12	Detaillierte Ressourcenbewertung

Abbildungen

Abbildung 1	Triebkräfte des Branchenwettbewerbs
Abbildung 2	Die Wertkette nach Porter
Abbildung 3	Umsetzung Kernkompetenzen
Abbildung 4	Zusammenhang Umwelt- u. Unternehmensanalyse
Abbildung 5	Beispiel Polaritätsprofil
Abbildung 6	Bilanzielle Erfassung von Vermögensgegenständen
Abbildung 7	Hierarchie organisationaler Fähigkeiten (Beispiel)
Abbildung 8	Prozeßschritte Analyseverfahren
Abbildung 9	Filialorganisation des untersuchten Unternehmens (schematisch)
Abbildung 10	Das Unternehmen als Teilmenge relevanter Ressourcen
Abbildung 11	Beispiel einer Mind-Map
Abbildung 12	Am Strategieprozeß beteiligte Personen im analysierten Unternehmen
Abbildung 13	Überblicksartiger Ausschnitt aus dem Gesamtressourcenportfolio des untersuchten Unternehmens
Abbildung 14	Ressourcenbewertung im standardisierten Fragebogen
Abbildung 15	Vergleich individueller und kumulierter Auswertung
Abbildung 16	Ausprägung bei individueller Auswertung
Abbildung 17	Bewertung einer einzelnen Ressource durch Befragten A
Abbildung 18	Bewertung einer einzelnen Ressource durch Befragten B
Abbildung 19	Matrix relativer Häufigkeiten / kumulierte Auswertung
Abbildung 20	Bewertung einer Ressource / kumulierte Auswertung (Details)

1 Einleitung

Die Literatur zur strategischen Unternehmensführung ist reich an Praxisbeispielen erfolgreich umgesetzter Strategien. Insbesondere in den zahlreichen Texten amerikanischer Autoren werden immer wieder die Erfolgsgeschichten solcher Unternehmen wie IKEA, McDonald's oder Wal-Mart dargestellt. Interessanterweise wird bei diesen Ausführungen ausschließlich auf die Vergangenheit Bezug genommen, oder, um es mit den Worten von GARY HAMEL auszudrücken, „everyone knows a strategy when they see one."[1] Wie diese Strategien allerdings entstanden sind und ob sie ex ante in der ihnen ex post zugeschriebenen Form überhaupt existiert haben, wird von den Autoren nicht erwähnt; der Prozeß *zielgerichteter* Strategie*entwicklung* im Unternehmen wird nur marginal thematisiert. Dies ist um so bedauerlicher, als daß dadurch die praktische Relevanz der Forschungsergebnisse in Frage gestellt wird; operationale Instrumente und Verfahren zur Umsetzung der gewonnenen Erkenntnisse stehen den an einer strategischen Neuorientierung interessierten Organisationen nur in geringem Maße zur Verfügung. Im Kontext dieser Problematik ist das vorliegende Buch zu verstehen. Mit ihm wird der Versuch zur Entwicklung einer praktikablen Methode unternommen, die es ermöglicht, als Ausgangspunkt eines umfassenden Strategieentwicklungsprozesses zunächst einmal Klarheit über die im Unternehmen bereits vorhandenen Kompetenzen zu gewinnen. Ziel dabei ist *nicht* die Aufdeckung unternehmensinterner „Nebenbedingungen", deren Kenntnis als letzter fehlender Bestandteil in ein Gleichungssystem zur Ableitung einer optimalen Strategie eingefügt werden müßte; vielmehr geht es darum, im Kreise der am Strategieprozeß Beteiligten eine einheitliche Sichtweise über die Stärken und Schwächen des Unternehmens zu schaffen, auf deren Basis gemeinsam über die zukünftige strategische Ausrichtung diskutiert werden kann. Das gemeinsame Verständnis des Unternehmens führt dabei zwar noch nicht im Sinne einer hinreichenden Bedingung zu einer tragfähigen Strategie, aber das Fehlen dieser notwendigen Grundlage eines strategischen Diskurses läßt das Ergebnis einer jeden Strategieentwicklung zur reinen Glückssache verkommen. Dieser drohenden Beliebigkeit setzt das vorliegende Buch einen systematischen Ansatz zur Aufdeckung der strategischen Potentiale des Unternehmens entgegen. Auf Grundlage der in den 1990er

---

[1]Hamel, G.: „Stategy Innovation and the Quest for Value", in: Sloan Management Review, Winter 1998, S. 7-14.

Jahren in die Diskussion gekommenen ressourcenorientierten Sichtweise des Unternehmens wird eine Methodik zur Aufdeckung derjenigen Bestandteile des Unternehmens entwickelt, die zur Erreichung nachhaltiger Wettbewerbsvorteile genutzt werden können.

Dabei wird zu Beginn des Buches als thematische Einleitung zunächst die generelle Zielsetzung des strategischen Managements beschrieben; daran anschließend wird mit einer kurzen Darstellung der Denkschule der Industrieökonomik das bisher einflußreichste theoretische Konzept zur Beschreibung strategischer Wettbewerbsvorteile vorgestellt. Vor diesem Hintergrund werden im folgenden die Kernelemente des Resource-based View (RBV) erläutert, einer im Kontext des strategischen Managements ebenfalls sehr bedeutenden Denkrichtung, die von ihren Vertretern häufig als gegensätzlich zur Industrieökonomik positioniert wird. Eine nähere Untersuchung des RBV macht anschließend aber deutlich, inwiefern diese Gegensätzlichkeit nur artifizieller Natur ist und wie sich Industrieökonomik und RBV zur Schaffung einer umfassenden Strategieentwicklungsmethodik zusammenfügen lassen. Im Anschluß an diese Erläuterungen zur theoretischen Fundierung der vorgestellten Methodik folgen dann grundsätzliche Überlegungen zu den Anforderungen an ein praxisorientiertes Verfahren der Strategieentwicklung. Daraufhin werden die Voraussetzungen zur Entwicklung eines solchen Verfahrens durch die inhaltliche Festlegung maßgeblicher Begriffe geschaffen, um anschließend eine operationale, drei Schritte umfassende Methodik zur Aufdeckung der strategischen Potentiale von Unternehmen mit ihren einzelnen Stufen detailliert vorzustellen. Im Anschluss an diese Beschreibung der einzelnen Schritte erfolgt jeweils die Darstellung von Erfahrungen und Hinweisen, so wie sie sich aus der Anwendung der Methodik im Praxisfall der Strategieentwicklung eines Dienstleistungsunternehmens ergeben haben.

Am Ende des Buches wird dann in Form eines Ausblicks auf mögliche Weiterentwicklungen der vorgestellten Methodik eingegangen.

2 Erklärungsansätze für strategischen Unternehmenserfolg

2.1 Zielsetzung des strategischen Managements

Die Literatur zum strategischen Management hat mittlerweile ein beträchtliches Ausmaß erreicht und nimmt sich des Themas aus einer Vielzahl unterschiedlicher Perspektiven an.[2] Aber aller Unterschiedlichkeit zum Trotz stellt sich das zentrale Thema des strategischen Managements, so wie es in den folgenden Absätzen beschrieben wird, wie folgt dar:

> „Der Grund, warum Unternehmen erfolgreich sind oder scheitern, ist möglicherweise die zentrale Frage der Strategie. Sie beschäftigt die Strategieforschung seit ihren Ursprüngen vor vier Jahrzehnten. (Die Frage nach Unternehmenserfolg oder -scheitern) ist untrennbar verbunden mit Fragestellungen nach der Unterschiedlichkeit von Unternehmen, nach ihrem Verhalten, der Art wie sie ihre Strategien auswählen und wie sie geführt werden." [3]

> „Das Feld des strategischen Managements hat als vordringliche Aufgabe die Analyse der Unterschiedlichkeit in der Leistung verschiedener Unternehmen gehabt."[4]

Die grundlegende Frage, warum einige Unternehmen langfristig erfolgreich, andere dagegen erfolglos sind, wirft unmittelbar die Anschlußfrage auf, welcher Maßstab einer solchen Bewertung von Erfolg zugrunde gelegt wird. Hier sind zunächst verschiedene Antworten denkbar, so die der evolutorischen Ökonomik: ein Unternehmen gilt dann als erfolgreich, wenn es ihm gelingt, im Konkurrenzkampf der Marktwirtschaft zu überleben.[5] Abgesehen davon, daß diese Definition von Erfolg keine

---

[2] Für einen Überblick hinsichtlich der Vielzahl der im strategischen Management behandelten Themen siehe: Hamel, G.; Heene, A.: „Competence Based Competition", John Wiley2Sons, New York, 1994, S. 1 f.

[3] Porter, M.E.: „Towards a Dynamic Theory of Strategy", Strategic Management Journal, Vol.12, 1991, S. 95-117.

[4] Levinthal, D.A.: „Strategic Management and the Exploration of Diversity", in: Montgomery, C.A. (ed.): „Resource-based and Evolutionary Theories of the Firm", Kluwer Academic Publishers, Boston/Dordrecht/London, 1995, S. 19-42.

[5] Dieser Gedanke findet sich in einem der grundlegenden Artikel zur evolutorischen Ökonomie: Alchian, A.A.: „Uncertainty, Evolution, and Economic Theory", in: Journal of political economy, Vol. 58, 1950, S. 211-221.

Angaben über die Dauer des Überlebenszeitraumes macht, beinhaltet sie auch nur ein allzu abstraktes Erfolgskriterium: Überleben. Demgegenüber ist die Definition strategischen Unternehmenserfolgs, so wie sie von PORTER genannt wird, deutlich konkreter:

> „Unternehmenserfolg manifestiert sich in der Erreichung einer oder einer Serie von Wettbewerbspositionen, die zu nachhaltig überlegenen finanziellen Ergebnissen führen."[6]

Demnach läßt sich der strategische Erfolg eines Unternehmens an der Fähigkeit messen, über einen längeren Zeitraum überlegene finanzielle Ergebnisse zu erzielen. Der Aspekt der *Überlegenheit* äußert sich dabei gemäß der ökonomischen Theorie in der Erwirtschaftung echter ökonomischer Profite oder Renten, die als die über die Opportunitätskosten hinausgehende Verzinsung des eingesetzten Kapitals definiert sind:[7]

Ökonomischer Profit = Investiertes Kapital x (ROIC[8] − Opportunitätskosten des Kapitals)

Zu dieser Betrachtungsweise führen MAHONEY/PANDIAN aus:

> „Strategie kann als eine ‚kontinuierliche Suche nach Renten' betrachtet werden, wobei Rente als der die Kapitalkosten des Eigentümers überschreitende Betrag definiert ist."[9]

Der Aspekt der *Langfristigkeit* überlegener finanzieller Ergebnisse kann sichergestellt werden, indem der Unternehmenswert, ermittelt durch den diskontierten Cash-Flow, als zentrales Erfolgskriterium des strategischen Managements definiert wird. Diese insbesondere durch RAPPAPORT propagierte Vorgehensweise soll hier jedoch nicht näher beschrieben werden,[10] da bis hierhin deutlich geworden sein dürfte, inwiefern sich strategischer Unternehmenserfolg manifestiert: *anhand langfristig erwirtschafteter ökonomischer Profite.*

---

[6]Porter, M.E.: „Towards a Dynamic Theory of Strategy", a.a.O., S. 96.

[7]Copeland, T.; Koller, T.; Murrin, J.: „Valuation", 2nd ed., John Wiley&Sons, New York, 1896, S. 59.

[8]Return on invested capital

[9]Mahoney, J.T.; Pandian, J.R.: „The Resource-based View within the Conversation of Strategic Management", in: Strategic Management Journal, Vol. 13, 1992, S. 363-380.

[10]Zu einer ausführlichen Beschreibung der Thematik siehe: Rappaport, A.: „Shareholder Value: Wertsteigerung als Maßstab für die Unternehmensführung", Schäffer-Poeschel, Stuttgart, 1994.

Nachdem nun das Kriterium für die Unterscheidung von strategisch erfolgreichen und erfolglosen Unternehmen definiert worden ist, gilt es jetzt, die oben gestellte zentrale Ausgangsfrage nach den *bestimmenden Gründen* des Unternehmenserfolgs wieder aufzugreifen.

Zunächst einmal läßt sich dabei festhalten, daß die Grundvoraussetzung für den Erfolg eines Unternehmens darin begründet liegt, daß es sich in irgendeiner Form von seinen Konkurrenten unterscheidet.[11] Diese auf den ersten Blick trivial anmutende Feststellung hat durchaus ihre Berechtigung, wenn man sich vergegenwärtigt, daß das Unternehmensbild in der vorherrschenden neoklassischen Theorie der Ökonomie von identischen Unternehmen (zumindest innerhalb derselben Industrie) ausgeht und somit von der Unmöglichkeit, ökonomische Profite zu erzielen.[12] Wenn man hingegen Marktimperfektionen und damit die Möglichkeit verschiedenartiger unternehmerischer Aktivitäten zuläßt,[13] so ist davon auszugehen, daß sich der Erfolg einiger Unternehmen auf den Besitz von spezifischen Charakteristika zurückführen läßt;[14] diese werden wirksam in Form sogenannter *Wettbewerbsvorteile*.

Solche Wettbewerbsvorteile lassen sich generell wie folgt ableiten:

- das Unternehmen ist in der Lage, mit denen der Konkurrenz identische Leistungen zu einem geringeren Preis anzubieten (Kostenführerschaft) oder

- die hergestellten Produkte unterscheiden sich von den Produkten der anderen Anbieter dergestalt, daß ein höherer Kundennutzen die Abschöpfung von Renten aus monopolistischer Konkurrenz ermöglicht (Differenzierung).[15]

Über die bis zu diesem Punkt beschriebene Zielsetzung des strategischen Managements herrscht weitgehend Einigkeit in der Literatur: der

---

[11] Zur ausführlichen, evolutorisch begründeten Herleitung dieses Gedankens siehe: Henderson, B.D.: „Geht es um Strategie – schlag nach bei Darwin!", in: Montgomery, C.A.; Porter, M.E: „Strategie", Wirtschaftsverlag Carl Ueberreuter, Wien, 1996, S. 3-12.

[12] Eine ausführliche Beschreibung des Verhältnisses von Volkswirtschaftstheorie und Managementlehre findet sich bei Nelson, R.R.: „Why Do Firms Differ, and How Does It Matter?", in: Strategic Management Journal, Vol. 12, 1991, S. 61-74.

[13] Zur Verbindung von Wettbewerbsvorteilen und Renten siehe: Peteraf, M.A.: „The Cornerstone of Competitive Advantage: A Resource-based View", in: Strategic Management Journal, Vol. 14, 1993, S. 179-191.

[14] Vgl. hierzu: Hinterhuber, H.H.: „Strategische Unternehmensführung I – Strategisches Denken", Walter de Gruyter, Berlin, New York, 1992, S. 9 f.

[15] Porter, M.E.: „Towards a Dynamic Theory of Strategy", a.a.O., S. 101.

sich in langfristigen ökonomischen Profiten widerspiegelnde Erfolg einiger Unternehmen basiert auf Unterschieden zwischen den Wettbewerbern; diese Unterschiede manifestieren sich in Wettbewerbsvorteilen, die wiederum mit den Kategorien Kostenführerschaft und Differenzierung beschrieben werden können.

Ausgehend von dieser sehr allgemeinen Grundlage gilt es nun aufzuzeigen, worin Wettbewerbsvorteile von Unternehmen begründet liegen und wie sie erlangt werden können. Um diese Kardinalfrage des strategischen Managements herum werden in der relevanten Literatur zunächst viele Teilaspekte thematisiert:

- Was ist der relevante Markt?[16]

- Wie sehen universell gültige Erfolgsfaktoren aus?[17]

- Wie entsteht Strategie im Unternehmen?[18]

- Ist das Objekt des strategischen Managements die einzelne Geschäftseinheit oder der Gesamtkonzern?[19]

- Welche Bedeutung haben Industrie- und Branchenzugehörigkeit?[20]

- Kann die Entstehung von Wettbewerbsvorteilen systematisch erklärt werden?[21]

Diese Auflistung von Themen, welche im Kontext des strategischen Managements behandelt werden, umfaßt bereits einige Ansätze, die in zwei großen Denkschulen systematisiert worden sind: der marktorientierten Schule der Industrieökonomik und der unternehmensorientierten Schule

---

[16] Z.B. Abell, D.F.: „Defining the Business: The Starting Point of Strategic Planning", Prentice Hall, Englewood Cliffs, 1980.

[17] Z.B. Buzzell, R.D.; Gale, G.T.: „The PIMS Principles – Linking Strategy to Performance", New York, London, 1987.

[18] Z.B. Mintzberg, H.: „The Fall and Rise of Strategic Planning", in: Harvard Business Review, January-February 1994, S. 107-114.

[19] Z.B. Hamel, G.; Prahalad, C.K.: „Competing for the Future", Harvard Business School Press, Boston, 1994, S. 34 ff.

[20] Z.B. Porter, M.E.: „Wettbewerbsstrategie", 8. Aufl., Campus Verlag, Frankfurt/Main, 1995, S. 25 ff.

[21] Z.B. De Leo, F.: „Understanding the Roots of Your Competitive Advantage. From Product/Market Competition to Competition as a Multiple-layer Game", in: Hamel, G.; Heene, A.: „Competence Based Competition", a.a.O., S. 35-55.

des Resource-based View.[22] Um das Verhältnis dieser beiden Denkrichtungen zueinander analysieren zu können, ist zunächst eine genauere Beschreibung beider Konzepte erforderlich.

2.2 Die industrieökonomische Sichtweise des strategischen Managements

Chronologisch der Theorieentwicklung des strategischen Managements folgend soll an dieser Stelle als erste die Denkschule der Industrieökonomik dargestellt werden. Zwar wird der Ursprung des Resource-based View im allgemeinen mit dem 1959 erschienenen Werk „The Theory of the Growth of the Firm"[23] von PENROSE in Verbindung gebracht und damit zeitlich vor den Entwurf der Industrieökonomik gestellt; die bei PENROSE artikulierten Gedanken fanden jedoch zunächst wenig Beachtung und wurden erst Mitte der 80er Jahre wieder aufgegriffen.

2.2.1 Industrieökonomik – Wettbewerbsstrategie nach Porter

Herausragender Vertreter der industrieökonomischen Denkrichtung und darüber hinaus einer der bedeutendsten Proponenten des strategischen Managements überhaupt ist MICHAEL E. PORTER, C. Roland Christensen Professor of Business Administration an der Harvard Business School. Sein in den beiden grundlegenden Werken „Competitive Strategy" und „Competitive Advantage" vorgestelltes Konzept der Unternehmensstrategie hat die Diskussion des strategischen Managements stärker beeinflusst als jede andere Veröffentlichung in dieser Wissenschaftsrichtung. Der besondere Stellenwert von PORTERS Werk läßt sich dadurch begründen, daß mit ihm erstmalig ein umfassender, in sich geschlossener Bezugsrahmen für das strategische Agieren eines Unternehmens im Wettbewerbsumfeld geschaffen wurde, auf dessen Basis konkrete Handlungsempfehlungen abgeleitet werden konnten.

Für PORTER ist das relevante Wettbewerbsumfeld des Unternehmens die Industrie bzw. die Branche; bereits durch die Wahl einer profitablen Branche kann ein Unternehmen den Grundstein für finanziellen Erfolg

---

[22] Verdin, P.J.; Williamson, P.J.: „Core Competences, Competitive Advantage and Market Analysis: Forging the Links", in: Hamel, G.; Heene, A.: „Competence Based Competition", a.a.O., S. 77-110.

[23] Penrose, E.T.: „The Theory of the Growth of the Firm", Basil Blackwell, Oxford, 1959.

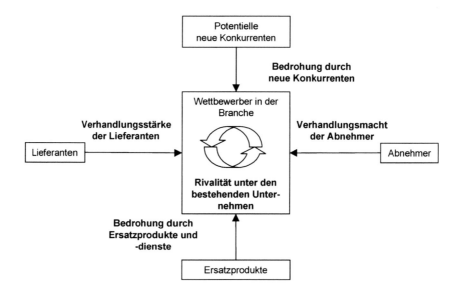

Abbildung 1: Triebkräfte des Branchenwettbewerbs

legen.[24] Die Profitabilität innerhalb einer jeden Branche wird von fünf Haupteinflußfaktoren bestimmt, die im nebenstehenden (und weithin bekannten) Schaubild (siehe Abb. 1) dargestellt sind.[25]

Die zweite Voraussetzung für strategischen Erfolg besteht neben der Branchenwahl in der Positionierung innerhalb der Branche. Das Unternehmen muß entscheiden, wie es sich in der Gruppe vergleichbarer Unternehmen gegenüber den Triebkräften des Wettbewerbs plazieren soll,[26] um nachhaltig erfolgreich sein zu können. Eine solch vorteilhafte Positionierung kann nun nicht direkt angestrebt und erreicht werden, sondern ergibt sich vielmehr aus dem Besitz von Wettbewerbsvorteilen hinsichtlich Kostenposition oder Differenzierung.[27] Um die *Ansatzpunkte* derartiger Wettbewerbsvorteile zu erklären, strukturiert PORTER das Unternehmen als „Wertkette".[28] Für ihn ist das Unternehmen

---

[24] Porter, M.E.: „Wettbewerbsstrategie", a.a.O., S. 25.
[25] Ebda., S. 26.
[26] Ebda., S. 57.
[27] Porter, M.E.: „Towards a Dynamic Theory of Strategy", a.a.O., S. 101.
[28] Zur Entstehung dieser Theorie siehe: Knudsen, C.: „Theories of the Firm, Strategic Management and Leadership", in: Montgomery, C.A. (ed.): „Resource-based and Evolutionary Theories of the Firm", a.a.O., S. 179-217.

eine Ansammlung von separat erfaßbaren wirtschaftlichen Aktivitäten, die interdependent miteinander verknüpft die Schaffung von Mehrwert in Form von Kundennutzen ermöglichen (Abb. 2).[29]

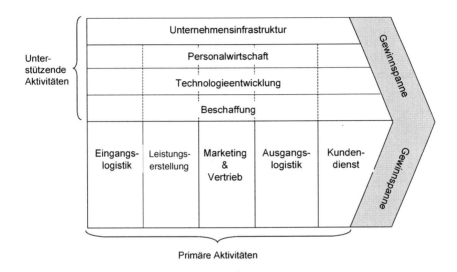

Abbildung 2: Die Wertkette nach Porter

Den Aktivitäten, so wie sie in der Wertkette zusammengefaßt sind, liegen Kostentreiber zugrunde, deren Ausprägung von Unternehmen zu Unternehmen unterschiedlich ist. Als Beispiele für solche Treiber werden Skaleneffekte, Chronologie von Investitionsentscheidungen, Wertschöpfungstiefe etc. bezüglich einzelner Aktivitäten genannt.[30] Die Herausforderung des strategischen Managements einer Unternehmung besteht laut PORTER nun darin, diese Treiber zu erkennen und sowohl Umfang als auch Art und Verknüpfung der auszuführenden Aktivitäten darauf abzustimmen. Über eine solche Abstimmung können nachhaltige Wettbewerbsvorteile realisiert werden, wenn die gewählten Aktivitäten inhaltlich kompatibel sind und sich sinnvoll ergänzen.[31]

Dabei gilt es zu berücksichtigen, daß sich ausgeübte Aktivitäten oder Gruppen von Aktivitäten gegenseitig widersprechen können. Um dies

---

[29] Vgl. Porter, M.E.: „Competitive Advantage", The Free Press, New York, 1985, S. 33 ff.

[30] Porter, M.E.: „Towards a Dynamic Theory of Strategy", a.a.O., S. 104.

[31] Eine ausführliche Konzeptualisierung des „Strategic Fit" findet sich in: Porter, M.E.: „What is Strategy?", Harvard Business Review, November-December 1996, S. 61-78.

zu verhindern, müssen sich Unternehmen auf eine der drei von POR-
TER definierten generischen Strategien einlassen: *Kostenführerschaft,
Differenzierung oder Fokussierung.* Findet eine solche Festlegung nicht
statt, drohen sich einzelne Aktivitäten gegenseitig zu widersprechen;[32]
dies führt im besten Falle zu suboptimalen Ergebnissen, im schlimm-
sten Falle zum Untergang des Unternehmens durch die Erosion der
Wettbewerbsvorteile.

2.2.2 Kritik des industrieökonomischen Ansatzes

Hinsichtlich seiner Bedeutung kann das Konzept PORTERS nicht überschätzt werden. Es hat nicht nur die Terminologie dieses Wissenschafts-
bereiches maßgeblich mitgeprägt, sondern stellt in Umfang und Geschlossenheit eine bis heute nicht erreichte konzeptionelle Grundlage
für jede weitere Diskussion dar. Trotz dieser überragenden Bedeutung
ist das Konzept nicht ohne Widerspruch geblieben. So konnte in empirischen Studien kein signifikanter Zusammenhang zwischen Branchen-
struktur und Rentabilität nachgewiesen werden.[33] Darüber hinaus ist
der von PORTER beschriebene Ansatz seiner Natur nach zeitpunkt-
bezogen: er analysiert die Wettbewerbssituation von Branchen und
Unternehmen zu einem Zeitpunkt, ohne auf die ständig stattfinden-
den Veränderungen in diesem Kräftefeld einzugehen. Desweiteren wird
kritisiert, daß Unternehmen auf die bloße Reaktion hinsichtlich der
vorgefundenen Umweltrestriktionen beschränkt seien; eine solche Betrachtungsweise vernachlässige die Möglichkeit der Unternehmen, die
Umwelt aktiv zu gestalten und neue „Regeln" für den Wettbewerb zu
definieren.[34]

Diese Problemfelder im Ansatz PORTERS wurden von Theorie und Praxis bereits in der ersten Hälfte der 80er Jahre erkannt und führten zur
Entwicklung einer anderen Betrachtungsweise der Strategiethematik,
die sich schon bald unter dem Begriff des Resource-based View als
eigenständige Denkschule etablierte. Um die Verschiedenartigkeit der
Perspektive gegenüber dem industrieökonomischen Ansatz zu verdeut-

---

[32]Vgl. Porter, M.E.: „Wettbewerbsstrategie", a.a.O., S. 71 ff. und Porter, M.E.:
„What is Strategy?", a.a.O., S. 68 f.

[33]Z.B. Rumelt, R.P.: „How much Does Industry Matter?", in: Strategic Managment Journal, Vol. 12, 1991, S. 167-185.

[34]Eine umfassende kritische Würdigung der industrieökonomischen Strategietheo-
rie findet sich in: Hamel, G.; Prahalad, C.K.: „Competing for the Future", a.a.O.,
S. 299 ff.

lichen, werden im folgenden Abschnitt die grundlegenden Ideen dieser gerade in den neunziger Jahren sehr stark beachteten Sichtweise näher beschrieben.

2.3 Die ressourcenorientierte Sicht des strategischen Managements

Grundlage dieses Ansatzes ist die *Betrachtung des Unternehmens als eines Bündels von Ressourcen*.[35] Um den Ursprung dieser Sichtweise zu verdeutlichen, ist ihre Herleitung auf Basis des bereits beschriebenen Konzepts von PORTER hilfreich. Nachhaltiger Unternehmenserfolg resultiert bei PORTER aus der vorteilhaften Positionierung des Unternehmens oder Geschäftsfeldes innerhalb einer Branche; erreicht und gehalten wird eine solch einträgliche Position durch Wettbewerbsvorteile, die aus der Abstimmung von Aktivitäten und branchenrelevanten Treibern entspringen. Aus dieser Argumentation resultiert allerdings ein Problem: warum richten nicht alle Unternehmen der Branche ihre Aktivitäten gleichermaßen auf die für sie relevanten, identischen Treiber aus?[36] Oder anders gefragt: Wie sind in Porters Konzept langanhaltende Ertragsdifferenzen in einer Branche erklärbar, wenn die Bedingungen des Erfolges allgemein bekannt und umsetzbar sind?[37] Diesen Widerspruch versucht der Resource-based View (RBV) zu lösen, indem er Wettbewerbsvorteile auf die Existenz unternehmensspezifischer Ressourcen zurückführt. Während die industrieökonomische Sichtweise ihren Schwerpunkt auf die Positionierung des Unternehmens in einem Produkt/Markt-Kontext legt, verschiebt der RBV den Fokus der Analyse auf die grundlegendere Ebene der *Entstehungsbedingungen* von Wettbewerbsvorteilen auf Unternehmensseite.[38] Dabei wird nicht mehr

---

[35] Vgl. Wernerfelt, B.: „A Resource-based View of the Firm", in: Strategic Management Journal, Vol. 5, 1984, S. 171-180.

[36] Diese Argumentation entspricht interessanterweise auch der generellen Kritik am idealisierten Wettbewerbsverständnis des neoklassischen Modells in der Ökonomie, so wie es u.a. von HAYEK vorgebracht wird; siehe: von Hayek, F.A.: „Der Wettbewerb als Entdeckungsverfahren", in: „Freiburger Studien – Gesammelte Aufsätze", 2. Aufl., J.C.B. Mohr, Tübingen, 1994, S. 249-265.

[37] Zu diesem Argument siehe: De Leo, F.: „Understanding the Roots of Your Competitive Advantage. From Product/Market Competition to Competition as a Multiple-layer Game", a.a.O., S. 36.

[38] Bemerkenswerterweise wird die Ressourcenanalyse in dem grundlegenden Text von WERNERFELT auf Basis von PORTERS „Five Forces"-Ansatz begründet, siehe: Wernerfelt, B.: „A Resource-based View of the Firm", a.a.O., S. 171-180.

die Branche mit ihren Triebkräften als wichtigste Betrachtungseinheit angesehen, sondern das Unternehmen als Ansammlung verschiedenartiger Ressourcen. Durch diese Verschiebung des Analysefokus ergibt sich eine neue Perspektive auf das unternehmerische Geschehen und damit eine Reihe offener Fragen: Wie lassen sich die spezifischen Ressourcen eines Unternehmens überhaupt definieren? Wie gelangt das Unternehmen in den Besitz solcher Ressourcen? Und schließlich: Beinhalten alle Ressourcen Wettbewerbsvorteile?

Anhand der Beantwortung dieser Fragestellungen sollen nun die wesentlichen Elemente des Resource-based View so erläutert werden, daß die Unterschiede in der Perspektive gegenüber der bereits beschriebenen industrieökonomischen Denkrichtung deutlich werden.

2.3.1 Der Ressourcenbegriff

Der Zugang zum RBV erweist sich als schwierig und wenig übersichtlich. Im Gegensatz zur industrieökonomischen Schule setzt sich der RBV aus einer Reihe von Ansätzen mit unterschiedlicher Ausrichtung zusammen, denen nur die grundlegende Ressourcenorientierung gemein ist; insofern mag es berechtigt erscheinen, den Resource-based View weniger als eine Theorie, sondern vielmehr als ein Paradigma zu bezeichnen.[39] Dementsprechend wird der Ressourcenbegriff in der Literatur alles andere als einheitlich definiert; Tabelle 1 gibt einen Überblick über wichtige Beiträge innerhalb des RBV und die dort verwendeten Begrifflichkeiten.[40]

Autor(en)	Hauptkonzept(e)	Beschreibung oder zusätzliche Konzepte
WERNERFELT	Ressourcen	Positionierungsbarrieren bei Ressourcen
ITAMI	Unsichtbare Vermögensgegenstände	Informationsbasierte Ressourcen/ dynamische Ressourcenabstimmung
DIERICKX AND COOL	Strategische Vermögensgegenstände	Bestände akkumuliert durch Investitionen (Investitionsflüsse)

---

[39]Ebda.
[40]Darstellung bei Bogaert, I.; Martens, R.; Van Cauwenbergh, A.: „Strategy as a Situational Puzzle: The Fit of Components", in: Hamel, G.; Heene, A.: „Competence Based Competition", a.a.O., S. 57-74.

Autor(en)	Haupt-konzept(e)	Beschreibung oder zusätzliche Konzepte
AAKER	Vermögensgegenstände und Fähigkeiten	• Vermögensgegenstand: etwas der Konkurrenz Überlegenes, das ein Unternehmen besitzt • Fähigkeit: etwas, das ein Unternehmen besser macht als die Konkurrenz
AKERBERG	Kompetenz	Organisationale Kompetenz hängt von individueller Kompetenz ab
PRAHALAD AND HAMEL	Kernkompetenz	• Strategische Architektur • Kollektives Lernen: Produktionsfähigkeiten und -technologien
KLEIN ET AL.	Metafähigkeiten	Kernfähigkeiten erzeugen
BARNEY	Unternehmensressourcen	Umfasst alle Vermögensgegenstände, Fähigkeiten, Prozesse, Attribute, Informationen und Wissensbestände des Unternehmens
GRANT	Ressourcen	• Ressourcen: Inputfaktoren des Produktionsprozesses • Fähigkeiten: Möglichkeit der Ressourcen, einem bestimmten Zweck zu dienen

Autor(en)	Haupt-konzept(e)	Beschreibung oder zusätzliche Konzepte
HALL	Intangible Ressourcen	• Fähigkeiten oder Kompetenzen: z.B. das Know-how von Mitarbeitern • Vermögensgegenstände: Dinge, die besessen werden • Intangible Vermögensgegenstände können mit einer funktionalen, kulturellen, positions- oder regulierungsbedingten Gegebenheit zusammenhängen
STALK ET AL.	Fähigkeiten	• Fähigkeit: breiter angelegt als Kompetenz • Kerngeschäftsprozesse
AMIT AND SCHOEMAKER	Ressourcen	Bestände verfügbarer Faktoren, die ein Unternehmen besitzt oder kontrolliert
	Fähigkeiten	Fertigkeit des Unternehmens zum Einsatz von Ressourcen zur Zielerreichung
	Strategische Vermögensgegenstände	Menge schwer zu handelnder, schwer zu imitierender, knappen und spezialisierter Ressourcen und Fähigkeiten

Tabelle 1: Begriffe des RBV nach Bogaert et al.

An der Vielfalt der dargestellten Konzepte erscheint bemerkenswert, daß die verwendeten Begriffe sehr änlich, zum Teil sogar identisch sind, aber mit verschiedenen Inhalten besetzt werden. Offenbar handelt es sich um drei Kernbegriffe, die immer wieder neu konzeptualisiert werden: *Ressourcen, Vermögensgegenstände und Fähigkeiten*. In der Mehrzahl der Ansätze scheint dabei der Ressourcenbegriff als Zusammenfassung für Vermögensgegenstände und Fähigkeiten zu dienen.[41] Vermögensgegenstände werden zum Teil unterschieden in tangibel/physisch und intangibel/immateriell, Fähigkeiten mit anderen Begriffen wie „Competences" und „Capabilities" belegt und z.T. neu definiert. Als Beispiele für Ressourcen werden in der Literatur genannt: Kapitalausstattung, Produktionsanlagen, EDV-Systeme etc. (tangible Vermögensgegenstände), Patente, Unternehmenskultur, Reputation etc. (intangible Vermögensgegenstände),[42] Bindung relevanter Mitarbeiter, Berücksichtigung von Kundenwünschen, Marktsegmentierung etc. (Fähigkeiten).[43]

Zusammenfassend läßt sich sagen, daß die Ressourcen eines Unternehmens aus dem, was das Unternehmen „hat" und dem, was es „kann",[44] bestehen.

Die bis zu dieser Stelle deutlich gewordene Vielfalt bzw. Mehrdeutigkeit in Folge einer eher parallelen als seriellen Vorgehensweise in der Theorieentwicklung des RBV hat zu der bisher de facto geringen praktischen Relevanz dieses Ansatzes beigetragen. Bei Betrachtung der vielfältigen Beiträge zu diesem Thema entsteht der Eindruck, daß die Weiterentwicklung vorhandener Überlegungen zum Teil zum Selbstzweck ohne Berücksichtigung der praktischen Nutzbarkeit verkommen ist:

> „Akademiker, die sich mit dem ‚Kernkompetenz-Ansatz' (und theoretisch verwandten Ansätzen) beschäftigen, sollten es vermeiden, Theorien des strategischen Managements um der Theorien willen zu entwickeln, ohne sich (allzusehr) mit der praktischen Relevanz ihrer Arbeit auseinanderzu-

---

[41] So auch Collis, D.J.; Montgomery, C.A.: „Competing on Resources: Strategy in the 1990s", in: Harvard Business Review, July-August 1995, S. 118-128.

[42] Rasche, C.: „Wettbewerbsvorteile durch Kernkompetenzen", Gabler Verlag, Wiesbaden, 1994 , S. 41.

[43] Aaker, D.: „Managing Assets and Skills: the Key to a Sustainable Competitive Advantage", in: California Management Review, Winter 1989, S. 91-106.

[44] Zum Unterscheidungskriterium „haben/können" siehe: Hall, R.: „The Strategic Analysis of Intangible Resources", in: Strategic Management Journal, Vol. 13, 1992, S. 135-144.

setzen. Wir brauchen eine stimmige Theorie mit offenkundiger praktischer Relevanz, mit Gültigkeit für das Geschäftsleben und engen Verbindungen zur täglichen Praxis des strategischen Managements."[45]

Neben dieser generellen Kritik an der Theorieentwicklung des RBV läßt sich ein weiterer, speziellerer Aspekt thematisieren: während der konstituierende Text des RBV von WERNERFELT Ressourcen noch in den Ausprägungen von Stärken und Schwächen zuläßt,[46] beschränken spätere Autoren den definitorischen Blick lediglich auf herausragende Stärken. Dadurch wird derjenige, möglicherweise sehr große, Teil der Unternehmensressourcen, der zwar nicht direkt mit einem Wettbewerbsvorteil in Verbindung gebracht werden kann, aber trotzdem zur Funktion des Unternehmens unerläßlich ist, völlig ausgeblendet.[47] Diese Tendenz der Voreingenommenheit zugunsten ausgewählter Ressourcen birgt die Gefahr in sich, daß die Theoriekonzepte des RBV sich zu sehr von der Realität entfernen:

„Wie ein platonisches Ideal ist die(se) Charakterisierung einer perfekten Art von Ressourcen sowohl von einem theoretischen als auch von einem praktischen Standpunkt aus sehr nützlich. Gleichzeitig ist es sehr wichtig, etwas über die Größe der Lücke zu wissen, die zwischen einer idealisierten Beschreibung und dem, was in der Realität beobachtet wird, klafft. In diesem Punkt greift die ressourcenorientierte Literatur gefährlich kurz."[48]

2.3.2 Der Erwerb von Ressourcen

Im Resource-based View wird die Existenz von Wettbewerbsvorteilen auf die Ressourcenbasis des Unternehmens zurückgeführt.[49] Da Wettbewerbsvorteile per Definition nur existieren können, wenn die vergli-

---

[45] Hamel, G.; Heene, A.: „Competence Based Competition", a.a.O., S. 4.

[46] Vgl. Wernerfelt, B.: „A Resource-based View of the Firm", a.a.O., S. 171-180.

[47] Strategisch nicht relevante Ressourcen werden ausdrücklich thematisiert bei Teece, D.J.; Pisano, G.; Shuen, A.: „Dynamic Capabilities and Strategic Management", a.a.O., S. 509-533.

[48] Montgomery, C.A.: „Of Diamonds and Rust: A New Look at Resources", in: Montgomery, C.A. (ed.): „Resource-based and Evolutionary Theories of the Firm", a.a.O., S. 251-268.

[49] Vgl. Teece, D.J.; Pisano, G.; Shuen, A.: „Dynamic Capabilities and Strategic Management", a.a.O., S. 509-533.

chenen Unternehmen *nicht* identisch sind, so müssen in der Logik des RBV dieser Verschiedenartigkeit Unterschiede in der Ressourcenausstattung zugrunde liegen. Solch eine Situation der Heterogenität kann nur bestehen, wenn zumindest einige Ressourcen nicht auf perfekten Märkten gehandelt werden.[50] Insbesondere im Bereich der immateriellen Vermögensgegenstände und der Fähigkeiten werden Schwierigkeiten hinsichtlich der Transferierbarkeit ausgemacht.[51]

Der RBV nennt als einen Hauptgrund für imperfekte Faktormärkte Informationsasymmetrien: da der Nutzen einer spezifischen Ressource nur dem derzeitigen Eigentümer bekannt ist, kann keine realistische Preisvereinbarung auf einem Markt stattfinden.[52] Vollkommene Nichthandelbarkeit und damit Nicht-Existenz von Faktormärkten ist darüber hinaus dann möglich, wenn spezifische Ressourcen nur im Kontext des derzeitigen Unternehmens nutzbringend eingesetzt werden können; dieser Fall tritt z.B. oft bei Spezialmaschinen auf. Aufgrund dieser Schwierigkeit bzw. Unmöglichkeit, bestimmte Ressourcen auf Märkten zu erwerben, werden interne Produktion und Unternehmenskauf zu den einzig gangbaren „Wegen" der Beschaffung.[53]

- Eigenproduktion: Immaterielle Vermögensgegenstände wie Patente und Markennamen können durch längerfristige Ausgaben im F&E- bzw. Marketingbereich geschaffen werden; Fähigkeiten in Form von Routinen werden durch Lerneffekte bei wiederholter Ausführung ähnlicher oder gleicher Prozesse gebildet.

- Kauf von Unternehmen: Hierbei wird die Problematik der Spezifität nicht nur umgangen, sondern aufgrund denkbarer Synergieeffekte ins Positive gewendet. Demzufolge können die Ressourcen zweier sich zusammenschließender Unternehmen in ihrer Kombination einen insgesamt größeren Nutzen beinhalten als die Sum-

---

[50] Peteraf, M.: „The Cornerstone of Competitive Advantage: A Resource-based View", a.a.O., S. 179-191.

[51] Amit, R.; Schoemaker, P.J.H.: „Strategic Assets and Organizational Rent", in: Strategic Management Journal, Vol. 14, 1993, S. 33-46.

[52] Zur Behandlung dieses Themas siehe Dierickx, I.; Cool, K.: „Asset Stock Accumulation and Sustainability of Competitive Advantage", in: Management Science, Vol. 35, No. 12, December 1989, S. 1504-1510 und Barney, J.B.: „Asset Stocks and Sustained Competitive Advantage: a Comment", in: Management Science, Vol. 35, No. 12, December 1989, S. 1511-1513.

[53] Vgl. Rasche, C.: „Wettbewerbsvorteile durch Kernkompetenzen", a.a.O., S. 55 ff.

me der einzelnen Teile; Voraussetzung hierfür ist freilich ein gewisses Maß von Kompatibilität bzw. Komplementarität.[54]

2.3.3 Strategisch relevante Ressourcen

Die strategische Relevanz einer Ressource im Sinne des RBV hängt davon ab, inwieweit sie nachhaltig eine aus Kundensicht positive Unterscheidung vom Wettbewerb ermöglicht. Zur Erfüllung dieses Entscheidungskriteriums müssen die betrachteten Ressourcen mehreren Anforderungen genügen.

Da, wie bereits im vorhergehenden Absatz argumentiert, nicht alle Ressourcen auf Märkten erworben werden können, hängt die Aufrechterhaltung der relativen Einzigartigkeit davon ab, unter welchen Bedingungen Konkurrenten die strategisch relevanten Ressourcen *imitieren* können. Eine solche Imitation gilt laut DIERICKX/COOL dann als besonders schwierig, wenn ...[55]

- Disökonomien durch Zeitmangel vorliegen:
  Zeitlich komprimierte Entwicklung ist kostenintensiver als zeitlich gestreckte (z.B. durch den Verlust von Lerneffekten);

- Mengenökonomische Effekte existieren:
  „First-mover-advantages" sind relevant und wurden genutzt;

- Ressourcenbestände interdependieren:
  Ressourcen können nur als Ganzheit genutzt werden;

- Erosionseffekte auftreten:
  Ressourcen verfallen durch Nichtnutzung (z.B. Wissensbestände), Aufbau daher nur bei langfristigem Nutzungsinteresse sinnvoll;

- Mehrdeutigkeiten vorherrschen:
  Wettbewerbsvorteile können nicht auf eindeutig von außen bestimmbare Ressourcen zurückgeführt werden[56];

---

[54]Zum Themenkreis Synergien und Unternehmensakquisition siehe Copeland, T; Koller, T.; Murrin, J.: „Valuation", a.a.O., S. 448 f.

[55]Entnommen aus Dierickx, I.; Cool, K.: „Asset Stock Accumulation and Sustainability of Competitive Advantage", a.a.O., S. 1504-1510.

[56]Ähnliche Hindernisse für Imitation werden bei anderen Autoren genannt, z.B. Teece, D.J.; Pisano, G.; Shuen, A.: „Dynamic Capabilities and Strategic Management", a.a.O., S. 509-533 und Wernerfelt, B.: „A Resource-based View of the Firm", a.a.O., S. 171-180.

Die strategische Bedeutung bestimmter Ressourcen wird neben der *Imitation* auch durch mögliche *Substituierbarkeit* bedroht.[57] Gelingt es Wettbewerbern, die vorteilsgenerierende Ressource durch eine gleichwertige oder sogar überlegene zu ersetzen, so geht der Nutzen des betreffenden Elementes als strategisch bedeutendes Unterscheidungsmerkmal des Unternehmens verloren.[58]

Aus der Ableitung von Entscheidungskriterien bezüglich der strategischen Relevanz von Ressourcen ergibt sich die Frage, welche Elemente letztendlich diese Eigenschaften aufweisen. Diese Fragestellung ist der Ausgangspunkt einer Denkrichtung, die aufgrund ihres praxisorientierten Ansatzes den höchsten Bekanntheitsgrad aller Konzepte im Rahmen des RBV erlangt hat: die Kernkompetenz-Perspektive von PRAHALAD und HAMEL.[59]

2.3.4 Kernkompetenzen

Das von C.K. PRAHALAD und G. HAMEL entwickelte Konzept fokussiert auf einen bestimmten Teil der Unternehmensressourcen, die als Kernkompetenzen bezeichnet werden. Hierbei handelt es sich um spezifische, geschäftsfeldübergreifende Fähigkeiten des Unternehmens zur Schaffung von Wettbewerbsvorteilen.[60] Zurückgeführt wird die Idee der Kernkompetenzen auf die Managementpraxis japanischer Großunternehmen; dort gelingt es laut PRAHALAD/HAMEL, bestimmte Kompetenzen zu entwickeln, die[61]

---

[57] Vgl. ebda.

[58] Ist eine Ressource als Quelle von Kundennutzen weder imitierbar noch substituierbar, so ermöglicht der entstehende Wettbewerbsvorteil die Abschöpfung einer Ricardianischen Rente. Sie kann entstehen, weil die (indirekte) Nachfrage nach der strategischen Ressource nicht vom Eigentümerunternehmen gedeckt werden kann, aber auch kein anderer Anbieter in der Lage ist, das entstehende Ungleichgewicht zu nutzen. Wie bereits an anderer Stelle gezeigt wurde, ist letztendlich eine solche Rentenschöpfung, also die Erzielung von Erträgen über die Opportunitätskosten hinaus, das strategische Erfolgskriterium des Unternehmens; daher ist, analog zur Kritik der industrieökonomischen Schule, die Frage berechtigt, warum nicht alle Unternehmen rechtzeitig mit dem Aufbau derselben strategisch relevanten Ressourcen beginnen. Als Gründe hierfür werden die unterschiedliche Anfangsausstattung aufgrund von Pfadabhängigkeiten genannt sowie Unsicherheit und Zufall.

[59] Zu einer Einschätzung dieses Konzeptes siehe Rumelt, R.P., in: Hamel, G.; Heene, A.: „Competence Based Competition", a.a.O., Vorwort.

[60] Prahalad, C.K.; Hamel, G.: „The Core Competence of the Corporation", in: Harvard Business Review, May-June 1990, S. 79-91.

[61] Ebda., S. 83 f.

- sich in verschiedenen Produkten erfolgreich replizieren lassen,
- von Wettbewerbern schwer oder gar nicht imitiert werden können und
- zu einer deutlichen Steigerung des Kundennutzens führen.

Damit solcherart wertvolle Fähigkeiten entstehen können, darf das Unternehmen nicht länger als eine Bündelung verschiedener Geschäftsfelder angesehen werden, sondern muß als ein Portfolio von Kernkompetenzen wahrgenommen werden.[62] Mit dieser Forderung wird dem grundlegenden Ansatz des RBV Rechnung getragen; die beschränkte Betrachtung ausgewählter Ressourcen wird mit der herausragenden strategischen Bedeutung solch spezifischer Kompetenzen begründet.[63] Durch den bewußten, zukunftsorientierten Auf- und Ausbau von Kernkompetenzen kann es dem Unternehmen gelingen, mit Hilfe neuartiger Produkte bestehende Branchengrenzen zu sprengen und neue Märkte entstehen zu lassen. Um dies zu erreichen, werden die Kernkompetenzen, über die ein Unternehmen verfügt, in sogenannten *Kernprodukten* umgesetzt (siehe Schaubild (Abb. 3)[64]). Diese Kernprodukte, die sowohl im eigenen Wertschöpfungsprozeß weiterverarbeitet als auch an Dritte verkauft werden, stellen zumeist wesentliche Bauteile von späteren Endprodukten dar. Als Beispiele für Kernprodukte werden in der Literatur u.a. Hauptbaugruppen für Videorekorder genannt, für die der japanische Hersteller Matsushita einen Weltmarktanteil von ca. 45% besitzt, obwohl der Marktanteil bei den entsprechenden Endprodukten nur ca. 20% beträgt.[65]

Durch die Umsetzung des Kernkompetenz-Ansatzes kann das Unternehmen von einem „Regelnehmer", der sein Wettbewerbsverhalten an den gegebenen Markt- und Branchenrestriktionen ausrichtet, zu einem „Regelsetzer", der die Bedingungen des Wettbewerbs in seinem Sinne definiert, werden.[66]

---

[62] Hamel, G.; Prahalad, C.K.: „Competing for the Future", a.a.O., S. 90.

[63] Es wird argumentiert, daß Fähigkeiten der entscheidende Faktor sind, der die Akquisition anderer Ressourcen erst sinnvoll möglich macht; vgl. Hamel, G.; Prahalad, C.K.: „Competing for the Future", a.a.O., S. 163 ff.

[64] Schaubild modifiziert aus Prahalad, C.K.; Hamel, G.: „The Core Competence of the Corporation", a.a.O., S. 81.

[65] Prahalad, C.K.; Hamel, G.: „The Core Competence of the Corporation", a.a.O., S. 85.

[66] Zu den Begriffen siehe: Hamel, G.: „Strategy as Revolution", in: Harvard Business Review, July-August 1996, S. 69-82.

Die ressourcenorientierte Sicht des strategischen Managements 35

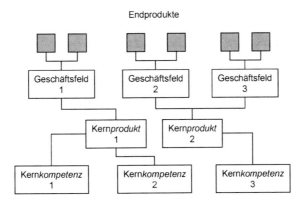

Abbildung 3: Umsetzung Kernkompetenzen

Um in dem möglicherweise langandauernden Prozeß der Kernkompetenzentwicklung nicht durch die sich ändernden Umweltbedingungen „überrollt" zu werden, sollen Unternehmen sich möglichst ambitionierte Ziele setzen, die nicht von der Maxime der Machbarkeit, sondern der Wünschbarkeit dominiert werden.[67]

2.3.5 Kritik des Resource-based View

Der Kernkompetenz-Ansatz und die verwandten Konzepte unter dem Dach des Resource-based View haben einen bedeutenden Teil zur Entwicklung des strategischen Managements in den 90er Jahren beigetragen. Sie versuchen, von einer übermäßigen Betonung des Wettbewerbsumfeldes, wie sie in der industrieökonomischen Schule gesehen wird, den Blick wieder verstärkt auf das Unternehmen und seine Entwicklung zu richten.[68]

Heutzutage kommt kaum ein Geschäftsbericht eines größeren Unternehmens ohne den Hinweis darauf aus, daß sich durch die Konzentration auf Kernkompetenzen die Ertragskraft der Organisation in Zukunft signifikant erhöhen werde. Bei derartigen Aussagen werden die Unternehmen allerdings oft Opfer einer Begriffsverwechslung: Anlaß für die positiven Zukunftserwartungen ist nicht die Beschränkung auf Kern-

---

[67]Hamel, G.; Prahalad, C.K.: „Strategy as Stretch and Leverage", in: Harvard Business Review, March-April 1993, S. 75-84.
[68]Vgl. Hamel, G.: „Reinventing the Basis for Competition", in: Gibson, R. (ed.): „Rethinking the Future", a.a.O., S. 77-91.

kompetenzen, sondern diejenige auf Kerngeschäftsfelder. In dem von PRAHALAD/HAMEL entwickelten Ansatz geht es nämlich *nicht* darum, sich auf wie auch immer definierte Kerngeschäfte zu beschränken, sondern *im Gegenteil* um die umfassende Übertragung vorhandener Kernkompetenzen auf möglichst viele Geschäftsfelder. Dieser Sachverhalt relativiert die scheinbar große praktische Bedeutung des Kernkompetenz-Ansatzes: obwohl er häufig und gerne in der Praxis zitiert wird, ist seine Relevanz im Kontext tatsächlicher Strategieentwicklung gering.

Dies ist um so erstaunlicher, als die Beiträge zu diesem Ansatz immer wieder insbesondere die Operationalität in der Praxis betonen. Zum Beleg für diese These werden in der Literatur viele praktische Fallbeispiele für die Verfolgung ressourcenorientierter Strategien im Sinne des RBV angeführt,[69] wobei einige Unternehmen immer wieder als Referenz genannt werden (z.B. Sony, Canon, Honda); da es sich hierbei jedoch um ausschließlich retrospektive Interpretationen handelt, liegt die Vermutung nahe, daß realisierbare Ansätze zur zukunftsorientierten Strategieentwicklung unter Einbeziehung des RBV nur in sehr bescheidenem Umfang zur Verfügung stehen.[70] [71]

2.4 Praktische Strategieentwicklung mit komplementärer Nutzung von industrieökonomischer und ressourcenorientierter Perspektive

Um ein Verständnis dafür zu entwickeln, warum die theoretischen Einsichten im Kontext des Resource-based View bisher nur einen sehr geringen Einfluss auf die Strategieentwicklung in der Praxis gehabt haben, ist es hilfreich, diese Denkrichtung innerhalb des übergeordneten SWOT-Paradigmas zu verorten. Dabei steht SWOT für „strengths, weaknesses, opportunities, threats"; es wird gefordert, die Stärken und Schwächen des Unternehmens so auf die in der Umwelt wahrgenom-

---

[69] Diese Kritik findet sich in: Foss, N.J.; Knudsen, C.; Montgomery, C.A.: „An Exploration of Common Ground: Integrating Evolutionary and Strategic Theories of the Firm", a.a.O., S. 8.

[70] Die in letzter Zeit verstärkt Beachtung findenden Ansätze zur kennzahlenorientierten Erfassung immaterieller Vermögensgegenstände (siehe z.B. Edvinsson, L.; Malone, M.S.: „Intellectual Capital", HarperCollins Publishers, New York, 1997) bilden in diesem Zusammenhang keine Ausnahme, da sie primär nicht der Strategieentwicklung dienen sollen, sondern dem Ausbau bestehender Controlling-Systeme.

[71] Eine Ansatz findet sich bei: Hinterhuber, H.H.; Handlbauer, G.; Matzler, K.: „Kundenzufriedenheit durch Kernkompetenzen", Carl Hanser Verlag, München/Wien, 1997.

menen Chancen und Risiken abzustimmen, daß im Resultat eine nachhaltig erfolgreiche Wettbewerbspositionierung entsteht. Aus dem Blickwinkel dieser Perspektive liegt der Beitrag des RBV zur Theorie des strategischen Managements auf der Hand: die Analyse der besonderen Ressourcen des Unternehmens als Grundlage nachhaltiger Wettbewerbsvorteile entspricht der Ermittlung unternehmensspezifischer Stärken und Schwächen. Ihre Aufdeckung macht deutlich, welche Elemente in der Konfiguration des Unternehmens den strategischen Erfolg bedingen bzw. verhindern und somit im Zuge einer strategischen Neuorientierung verändert werden müssen. Hier lassen sich allerdings bereits die Grenzen des RBV aufzeigen: während die *Aufdeckung* der in einem Unternehmen vorhandenen Ressourcen im Rahmen einer internen Analyse möglich ist, kann eine *Bewertung* der ermittelten Elemente hinsichtlich ihrer strategischen Bedeutung nicht ohne den Bezug zur Umwelt vorgenommen werden. Der Wert von Ressourcen wie technischem Wissen, Markennamen oder Produktionsanlagen für den strategischen Erfolg hängt maßgeblich davon ab, inwiefern der auf ihnen basierende Wettbewerbsvorteil für die Kaufentscheidung der Kunden relevant ist. Bereits der Begriff „Wettbewerbsvorteil" macht deutlich, daß der Unternehmenserfolg immer nur relativ zu Wettbewerbern realisiert werden und mithin nicht losgelöst von der Umwelt konzeptualisiert werden kann. Es ist diese zwingende Verbindung von interner und externer Sichtweise, die eine praktische Anwendung der Ergebnisse des RBV so schwierig macht: in den zahlreichen Beiträgen zu dieser Denkschule wird als Startpunkt der Strategieentwicklung ein bestimmter Wettbewerbsvorteil als gegeben oder wünschbar vorausgesetzt, ohne näher auf dessen inhaltliche Begründung einzugehen. Diejenigen Faktoren, die auf Kundenseite zur Wahrnehmung eines Wettbewerbsvorteils führen, werden von den Vertretern des RBV in keiner Weise thematisiert. Man könnte sagen, der Resource-based View ist auf dem externen Auge blind, und durch diese Einschränkung wird es unmöglich, ihn als Grundlage eines *umfassenden* Strategieentwicklungsprozesses einzusetzen.

Umgekehrt ist es ebensowenig möglich, diejenigen Ansätze des strategischen Managements, die sich im Sinne des SWOT-Paradigmas mit der Analyse umweltbedingter Chancen und Risiken befassen, als *ausschließliches* theoretisches Fundament zur Festlegung einer Unternehmensstrategie heranzuziehen. Mit Hilfe beispielsweise der Porterschen Branchenanalyse lassen sich zwar die Wettbewerbsposition des Unternehmens und die Natur vorhandener Wettbewerbsvorteile beschreiben, aber über die unternehmensinternen Ursprünge dieser Wettbewerbsvorteile oder die Möglichkeiten bezüglich ihrer Veränderung geben die extern orientierten Ansätze keine Auskunft. Auch der von PORTER in seinem Buch „Competitive Advantage" nachgelieferte Versuch, die „black box"-Sichtweise des Unternehmens zu ersetzen durch eine mikroökonomisch fundierte Beschreibung von Unternehmen als Aggregation generischer Produktionsfunktionen stellt in dieser Hinsicht keine Verbesserung dar: die Leistungserstellung innerhalb von Unternehmen ist zu sehr durch Interdependenzen, Pfadabhängigkeiten und soziale Interaktionen geprägt, als daß sie in einfacher Weise durch eine Wertkette abgebildet werden könnte.

Aus dem Gesagten folgt, daß die vorhandenen Theorieansätze des RBV und der Industrieökonomik gut geeignet sind, um als konzeptionelle Fundamente jeweils einen Teilbereich des Strategieentwicklungsprozesses abzudecken, es jedoch unmöglich ist, auf Grundlage einer der beiden Denkschulen eine umfassende Unternehmensstrategie zu entwickeln. Dieses Problem, daß lange Zeit noch verschärft wurde durch einen von den Vertretern beider Schulen verfochtenen Ausschließlichkeitsanspruch, hat in der Praxis dazu geführt, daß für die als notwendig akzeptierte, langfristige Ausrichtung von Unternehmen de facto keine umfassende konzeptionelle Grundlage zur Verfügung stand. Aus dem Dilemma, zwar hinsichtlich der Langfristausrichtung des Unternehmens aktiv steuernd handeln zu müssen, ohne jedoch von der Strategielehre mit leistungsfähigen Konzepten versorgt zu werden, hat sich die Tendenz zur formalisierten Vorgehensweise der strategischen Planung verstärkt. Häufig erschöpft sich dieser Versuch einer systematischen Zukunftsorientierung in alljährlich rituell wiederholten Extrapolationen vergangener Controlling-Kennzahlen.[72] Ein solches Verständnis strategischer Prozesse, das ausschließlich auf die *Ergebnisplanung* der zukünftigen Unternehmensaktivitäten abstellt, verfehlt aber vollständig den eigentlichen Sinn von Strategie als inhaltlicher Ausgestaltung[73] der zur Erreichung etwaiger finanzieller Ziele notwendigen Aktivitäten.[74] Man stelle sich die Absurdität dieser Vorgehensweise anhand einer Analogie aus dem Bereich des Sports vor: die Fussballmannschaft, die ihre gesam-

---

[72]Eine Fundamentalkritik der formalisierten strategischen Planung findet sich bei Hamel, G.: „Strategy as Revolution", a.a.O., S. 70 ff.
[73]Vgl. Hamel, G.: „Strategy Innovation and the Quest for Value", a.a.O., S. 7-14.
[74]Vgl. Mintzberg, H.: „The Fall and Rise of Strategic Planning", a.a.O., S. 107-114.

te Saisonvorbereitung ausschließlich auf die Planung des Torverhältnisses an den einzelnen Spieltagen beschränkte, würde sehr wahrscheinlich den Klassenerhalt nicht schaffen.

Der Ausweg aus der geschilderten Situation kann nur in dem Versuch bestehen, die Konzepte der industrieökonomischen und ressourcenorientierten Denkschulen in einem handhabbaren Gesamtansatz zusammenzufügen. Wenn es gelingt, die Erkenntnisse der beiden Sichtweisen zu verzahnen, dann besteht die Möglichkeit, mit einer ganzheitlichen Methode der Strategieentwicklung das in der Unternehmenspraxis existierende Vakuum zu füllen.

Auf Grundlage entsprechender Überlegungen ist von RUGHASE ein Verfahren unter dem Namen „SENSOR"[75] entwickelt worden, daß den Ansprüchen eines übergeordneten Strategiekonzeptes auf Ebene der Umfeldanalyse gerecht wird. Diese Vorgehensweise ermöglicht es, anhand von Tiefeninterviews mit derzeitigen, ehemaligen und potentiellen Kunden deren Beweggründe für eine spezifische Kaufentscheidung aufzudecken und so zu ermitteln, worin eigentlich der im Marktkontext *wahrgenommene* Wettbewerbsvorteil eines Unternehmens tatsächlich besteht. Dies wird möglich durch die Verbindung der Tiefenstrukturen in den einzelnen Aussagen von Kunden, wodurch spezifische Verhaltens- und Wahrnehmungsmuster in Form von Trends

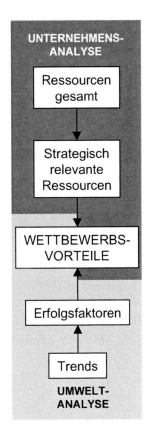

Abbildung 4: Zusammenhang Umwelt- und Unternehmensanalyse

offengelegt werden können. Deren Kenntnis versetzt das Unternehmen in die Lage, seine Positionierung am Markt neu zu überdenken und gegebenenfalls in Richtung neuer Wettbewerbsvorteile zu entwickeln. Die SENSOR-Methodik hat sich inzwischen vielfach im praktischen Einsatz bewährt und oft zu überraschenden Einsichten hinsichtlich der stra-

---

[75]Zur vollständigen Beschreibung dieses Verfahrens und seines Einsatzes siehe: Rughase, O.G.: „Jenseits der Balanced Scorecard: Strategische Wettbewerbsvorteile messen", a.a.O.

tegischen Position der betrachteten Unternehmen geführt. Allerdings haben ihre Erfolge auch die Notwendigkeit einer vergleichbaren Methodik für die Untersuchung der zweiten Säule des Strategieprozesses, der internen Potentiale und Stärken von Unternehmen, verdeutlicht. In diesem Sinne ist die im folgenden entwickelte Methodik zur Ermittlung der strategischen Stärken und Schwächen des Unternehmens zu verstehen. Sie soll das notwendige Wissen über die internen Voraussetzungen zur Bildung einer zukünftigen Strategie im Unternehmen schaffen, um so einen sinnvollen Diskurs über die zukünftige Ausrichtung und die zur ihrer Erreichung erforderlichen Massnahmen zu ermöglichen. Auf Basis des Resource-based View wird so eine Analysemethodik entwickelt, die als internes Pendant zum extern orientierten SENSOR-Verfahren die aus der Praxis heraus geforderte ganzheitliche und inhaltlich klar strukturierte Anleitung zur Entwicklung von Unternehmensstrategien darstellen kann.

Für den Fall der praktischen Anwendung stellt sich nunmehr die Frage, wie eine Integration der beiden genannten Verfahren sinnvoll erfolgen kann, oder einfacher ausgedrückt: sollen strategische Handlungsoptionen auf Basis interner Stärken abgeleitet und dann anhand der Entwicklungstrends der Unternehmensumwelt evaluiert werden oder ist die umgekehrte Vorgehensweise der Chancenidentifikation vom Markt her zu bevorzugen? In den folgenden Abschnitten wird unter der Annahme, daß sowohl die Unternehmensumwelt mit dem SENSOR-Verfahren von RUGHASE als auch das Ressourcenportfolio des Unternehmens mit dem im folgenden vorgestellten Verfahren untersucht worden sind, dargestellt, wie eine Zusammenführung der Ergebnisse in Abhängigkeit vom Ausgangspunkt jeweils aussehen könnte und welcher der beiden möglichen Wege zu bevorzugen ist.

2.4.1 Ausgangspunkt Unternehmensanalyse

Die Konzeptualisierung dynamischer Entwicklungen bildet ein wesentliches Element in der Theorie des Resource-based View. In diesem Konzept wird nicht die Analyse derzeitiger Märkte mit der Ableitung entsprechender Handlungsoptionen als die Aufgabe des strategischen Managements angesehen, sondern die Identifikation und Nutzung spezifischer Unternehmensfähigkeiten in Abgrenzung zum Wettbewerb. HAMEL/PRAHALAD zu dieser Sichtweise:

"Es ist wichtig, daß Top-Manager das Unternehmen als ein Portfolio von Kompetenzen betrachten, weil sie fragen müssen: ‚Wie sehen die Möglichkeiten aus, zu deren Nutzung wir mit unserem spezifisch gegebenen Portfolio von Kompetenzen einzigartig positioniert sind?'. Die Antwort deutet auf Möglichkeitenräume hin, die anderen Unternehmen aufgrund anderer Ressourcenausstattungen möglicherweise schwer zugänglich sind."[76]

Für die weitere Vorgehensweise innerhalb des hier zu entwickelnden Verfahrens bedeutet dies, daß zunächst aus der Summe aller Ressourcen diejenigen mit *besonderer strategischer Relevanz* zugunsten einer gesonderten Betrachtung isoliert werden müssen. Innerhalb dieser Gruppe der strategischen Stärken muß dann noch einmal unterschieden werden in Elemente, die derzeit bereits stark ausgeprägt sind und in solche, die erst durch eine gezielte Weiterentwicklung eine besondere Ausprägung erreichen können.

Vergleichbar der Methode des unter anderem im Marketing zur Anwendung kommenden „morphologischen Kastens"[77] gilt es nun, die vorhandenen strategischen Stärken in einem kreativen Akt so zu konfigurieren, daß das Ergebnis jeweils einer strategischen Handlungsoption entspricht. Diese Vorgehensweise soll anhand des folgenden Beispiels verdeutlicht werden:

Beispiel
Die ressourcenorientierte Unternehmensanalyse einer Bank ergibt als strategische Stärken mit bereits derzeit besonders starker Ausprägung folgende Elemente: Umfang Kundenstamm, Kundenbindung, EDV-System, Marketingfähigkeit, Umfang Produktpalette

Strategische Option 1

Die derzeit vorhandenen Kunden werden in Zukunft noch stärker an die Bank gebunden, indem die bestehende Beziehung zum Verkauf weiterer Dienstleistungen genutzt wird.

---

[76] Hamel, G.; Prahalad, C.K.: „Competing for the Future", a.a.O., S. 35.

[77] Zu einer Beschreibung dieses Verfahrens, das als wichtige Kreativitätstechnik auf der vollständigen Enumeration aller Kombinationsmöglichkeiten der Lösungselemente eines gegebenen Problems basiert, siehe: Johansson, B.: „Kreativität und Marketing", 2., überarbeitete und gekürzte Auflage, Verlag Peter Lang, Bern, 1997, S. 99 f.

Dabei ermöglicht das EDV-System die Analyse bereits bestehender Verträge; die umfangreiche Produktpalette kann genutzt werden, um alle Bedürfnisse der Kunden abzudecken.

Strategische Option 2

Das leistungsstarke EDV-System wird genutzt, um mittels Data-Mining den bestehenden Kundenstamm so zu segmentieren, daß die Zielgruppen durch entsprechende Marketingmaßnahmen ansprechbar sind. Diese werden dann ihren Bedürfnissen entsprechend aktiv mit Produkten versorgt, was letztendlich zu einer weiteren Steigerung der Kundenbindung führt.

Strategische Option 3

Die Marketingfähigkeit wird genutzt, um Neukunden in größerem Umfang zu akquirieren. Aufgrund der leistungsfähigen EDV können die zusätzlichen Informationsmengen verarbeitet werden, der Umfang der Produktpalette erlaubt die weitestgehende Befriedigung aller Ansprüche der Neukunden.

Anhand dieser drei Alternativen dürfte die Vorgehensweise zur Ableitung strategischer Handlungsoptionen aus dem Portfolio der vorliegenden strategischen Stärken deutlich geworden sein. Aus dem Beispiel geht aber auch die Notwendigkeit hervor, die entwickelten strategischen Alternativen in einem nächsten Schritt mit den Ergebnissen einer komplementär vorzunehmenden Umfeldanalyse abzugleichen. Dabei dienen die Ergebnisse der Umfeldanalyse gleichsam als Lackmustest für die generierten Handlungsoptionen: nur diejenigen Varianten können für die strategische Ausrichtung des Unternehmens ernsthaft in Erwägung gezogen werden, die der für die Zukunft erwarteten Nachfragesituation Rechnung tragen.

2.4.2 Ausgangspunkt Umfeldanalyse

Auch die Resultate der *Umfeldanalyse* können als Ausgangspunkt des Strategieentwicklungsprozesses genutzt werden. Eine derartige Vorgehensweise bietet sich insbesondere dann an, wenn eine solche Analyse in Form einer Messung der Wettbewerbsvorteile des Unternehmens anhand des weiter oben vorgestellten Verfahrens von RUGHASE vorgenommen worden ist. Im Rahmen dieser Methode werden nicht nur die derzeit vorhandenen Wettbewerbsvorteile in Hinblick auf ihre Relevanz für den Markterfolg untersucht, sondern darüber hinaus auch Hinweise auf Erfolgsfaktoren und Trends aus den tieferliegenden Motivationen der Kunden ermittelt.[78] Die ermittelten Trends jedoch sind per Definition die Entwicklungsrichtungen der Unternehmensumwelt in der Zukunft; aus diesem Grunde bietet es sich an, auf ihrer Grundlage strategische Handlungsalternativen des Unternehmens zu entwickeln. Dies erfordert wiederum einen kreativen Akt; die Erfahrung zeigt jedoch, daß eine Vielzahl verschiedener Handlungsalternativen generiert werden kann, zumal die inhaltliche Ausgestaltung der Trends bereits vielfältige Anschlußmöglichkeiten in dieser Hinsicht eröffnet.

Liegen nun verschiedene, theoretisch denkbare Strategiealternativen in Reaktion auf die beobachteten Trends vor, so gilt es, diejenigen Ressourcen zu identifizieren, die für die Umsetzung dieser Alternativen auf seiten des Unternehmens jeweils benötigt werden. Aufgrund der vorhandenen Sachkenntnis der Teilnehmer und der vorliegenden vollständigen Beschreibung des Ressourcenportfolios dürfte eine solche Identifikation nicht schwerfallen. Sind die relevanten Ressourcen für alle zu untersuchenden Handlungsalternativen ermittelt, so kann eine Evaluation der Strategieoptionen stattfinden. Dabei wird untersucht, inwieweit Strategievorschläge durch bereits vorhandene Stärken gestützt bzw. durch Schwächen behindert werden. Letztendlich bleiben diejenigen Strategien als praktikable Vorgehensweisen übrig, bei denen eine Vielzahl von Stärken des Unternehmens nur durch wenige oder keine Schwächen behindert genutzt werden können.

Es muß allerdings berücksichtigt werden, daß in diesem Evaluationsprozeß einzelne Ressourcen als Knock-Out-Faktoren wirken können. So kann insbesondere eine mangelnde Finanzkraft trivialerweise viele theoretisch denkbare Optionen entwerten, unabhängig vom sonstigen Ausmaß der Stärken des Unternehmens.

Darüber hinaus gilt es zu bedenken, daß die Ideengenerierung auf Basis der Trends auch Ideen hervorbringen kann, für deren Umsetzung die benötigten Ressourcen im Moment nicht vorhanden sind. Die Logik dieses Sachverhaltes ist klar: theoretisch stehen jedem Unternehmen unendlich viele strategische Optionen offen; eine Beschränkung

---

[78] Vgl. Rughase, O.G.: „Jenseits der Balanced Scorecard: Strategische Wettbewerbsvorteile messen", a.a.O., S. 47.

erfolgt erst durch die vorhandenen oder in angemessener Zeit beschaffbaren Ressourcen. So kann es beispielsweise ein Automobilhersteller als strategische Option ansehen, eine Bank zu gründen. In diesem Falle dürfte allerdings das entsprechende Know-how als Ressource nicht bei einer ressourcenbasierten Unternehmensanalyse zu Tage getreten sein. Nichtsdestotrotz kann der Aufbau der Bank eine sinnvolle Alternative darstellen, wenn entschieden wird, daß das Know-how im Vergleich zu anderen, eventuell vorhandenen Ressourcen keinen entscheidenden Einfluß besitzt oder aufgrund anderer Ressourcen wie Finanzkraft im Wege der Akquisition leicht erworben werden kann.

Bis zu dieser Stelle dürfte klar geworden sein, daß beide Ansätze zur Integration von Unternehmens- und Umfeldanalyse zur Ableitung strategischer Handlungsoptionen genutzt werden können. Obwohl dies der Fall ist, wird im Rahmen des hier entwickelten Verfahrens dennoch der zweiten Variante der Vorzug gegeben. Im folgenden soll diese Entscheidung näher erläutert werden.

2.4.3 Resource-based View und Strategic Fit

In Abgrenzung zur Denkschule des Resource-based View wurde bereits die zeitlich früher einzuordnende industrieökonomische Betrachtungsweise der Unternehmensstrategie vorgestellt. Diese von PORTER und anderen vertretene Theorie der Unternehmung, in der die Organisation als eine Bündelung vielfältiger Aktivitäten innerhalb einer Wertkette beschrieben wird, wurde von ihm in einem 1996 veröffentlichten Artikel um das Konzept des „Strategic Fit" ergänzt.[79] Dabei wird argumentiert, daß viele Unternehmen ihre Anstrengungen auf die Erzielung operativer Effizienz richten, also den Versuch unternehmen, im Sinne einer „Best Practice"-Philosophie die branchenweit vorhandenen Aktivitäten effizienter auszuführen als die Wettbewerber. PORTER warnt vor einer solchen Vorgehensweise: Da alle inkrementellen Verbesserungen leicht imitiert werden können, droht aufgrund des Verlustes von Differenzierungsmerkmalen letztendlich die Branchenprofitabilität zu erodieren.[80] Er verficht vielmehr den Ansatz, daß Unternehmen strategisch agieren sollten, indem sie ihre Wertkette als ein schwer nachzuahmendes Bündel von fein abgestimmten Aktivitäten konfigurieren. Entscheidend

---

[79]Porter, M.E.: „What is Strategy?", a.a.O.
[80]Diese Kritik wird an folgender Stelle wiederholt: Porter, M.E.: „Creating Tomorrow's Advantages", S. 49 f.

dabei ist laut PORTER nicht die Einzigartigkeit bestimmter Elemente oder das Vorhandensein von Kernkompetenzen, sondern die Realisierung von Trade-offs: das Unternehmen muß seine Aktivitäten konsequent auf die verfolgte Strategie ausrichten, wobei in Kauf genommen werden muß, daß die eigene Flexibilität bewußt eingeschränkt wird:

> „Strategie bedeutet Abwägungen treffen im Wettbewerb. Der Kern der Strategie ist die Auswahl dessen, was nicht zu tun ist. Ohne Abwägungen wäre keine Auswahl nötig und mithin keine Strategie."[81]

Der wesentliche Inhalt von Strategie besteht für PORTER also darin, die Aktivitäten so auszuwählen und zu konfigurieren, daß sie eine gezielte Differenzierung des Unternehmens gewährleisten.

Nun zum Nutzen, den dieses Konzept als theoretische Grundlage für die Verwendung der Ergebnisse einer ressourcenorientierten Unternehmensanalyse bieten kann. Entscheidend dafür ist die Substitution des Begriffs „Aktivitäten" durch den Begriff „Ressourcen". Wie bereits in einem früheren Kapitel beschrieben, handelt es sich bei den Aktivitäten im Sinne PORTERS um einzelne betriebliche Abläufe, die als mikroökonomische Produktionsfunktionen aufgefaßt werden können.[82] Als solche beschreiben sie die Transformation von Inputfaktoren zu Output unter Anwendung spezifischer Technologien. Dieser Prozeß läßt sich aber auch aus Sicht des RBV interpretieren: unter Verwendung spezifischer Fähigkeiten werden andere Ressourcen des Unternehmens so kombiniert, daß gewünschte Resultate erzielt werden. Diese einfache Substitution der Begriffe macht deutlich, daß PORTERS Konzept des „Strategic Fit" und die Perspektive des RBV nicht konträr, sondern komplementär zueinander zu verstehen sind. Letztendlich stellen sie lediglich zwei Seiten derselben Medaille dar.

Zurück zur Verbindung des „Strategic Fit" mit den Ergebnissen der ressourcenorientierten Unternehmensanalyse: die auf der Basis von Erfolgsfaktoren und Trends abgeleiteten strategischen Optionen lassen sich mit den zu ihrer Umsetzung benötigten Ressourcen verknüpfen. *Damit wird aber genau die Portersche Forderung nach einer gezielten Abstimmung der Unternehmensaktivitäten auf die Strategie des Unternehmens hin für einen prospektiven Strategieprozeß zugänglich.* Es wird

---
[81] Porter, M.E.: „What is Strategy?", a.a.O., S. 70.
[82] Porter, M.E.: „Competitive Advantage", a.a.O., S. 39 (Fußnote).

nämlich unmittelbar deutlich, welche Elemente des Ressourcenportfolios durch eine spezifische strategische Option angesprochen werden. Im Sinne einer Auswahl können dann die nicht betroffenen Ressourcen per Definition vernachlässigt werden. Darüber hinaus ist bereits vor der Wahl einer Strategie ersichtlich, welche Elemente als besondere Stärken aus dem Bündel der benötigten Ressourcen herausragen und sich damit als tragfähige Säulen der zukünftigen Entwicklung anbieten. Gerade die Identifikation solcher Elemente ermöglicht es darüber hinaus, denkbare Verstärkungstendenzen der Ressourcen untereinander auszumachen; diese werden von PORTER als ein wichtiges Element für die Nachhaltigkeit einer Strategie bezeichnet.[83]

Indem es einen theoretischen Bezugsrahmen für die Integration der Ergebnisse der ressourcenorientierten Unternehmensanalyse in den weiteren Strategieentwicklungsprozeß bieten kann, liefert PORTERS Konzept des „Strategic Fit" auch gleichzeitig die Begründung für die Wahl einer Vorgehensweise, die ihren Ausgangspunkt bei den Ergebnissen der Umfeldanalyse nimmt. Es wird die Entwicklung strategischer Optionen ermöglicht, die einerseits in einer Marktperspektive gegründet sind, andererseits aber auch eine klare Vorgabe bezüglich des benötigten Ressourcenbündels liefern. Dadurch können bereits vor der endgültigen Wahl einer Unternehmensstrategie die Möglichkeiten zur Erreichung eines „Strategic Fit" evaluiert werden.

---

[83] Porter, M.E.: „What is Strategy?", a.a.O., S. 73.

3 Theoretische Fundierung eines strategischen Wissensmanagements

3.1 Zielsetzung des Verfahrens

Ziel des im folgenden vorgestellten Verfahrens ist nun die systematische Nutzung des Resource-based View für die Zwecke der strategischen Unternehmensanalyse, wobei im Ergebnis neben einer vollständigen Beschreibung der Ressourcenposition des Unternehmens die Bewertung der einzelnen Elemente hinsichtlich ihrer strategischen Bedeutung im Sinne von Stärken und Schwächen resultieren soll. Darüber hinaus dient das vorgestellte Verfahren dazu, mit Hilfe der objektiven Analyse der Unternehmenskonstitution die innerhalb der Organisation bestehenden, personen- und gruppenspezifischen Sichtweisen des Unternehmens aufzudecken und dadurch eine Angleichung der vielfältigen Perspektiven zu ermöglichen. Bei der Festschreibung dieser Zielsetzung gilt es ausdrücklich zu berücksichtigen, daß es *nicht* das Ziel der vorgestellten Methodik ist, eine quasi objektive Beschreibung der Unternehmenswirklichkeit in dem Sinne zu liefern, daß die Ableitung einer zukünftigen Strategie in rationaler Schlußfolgerung ähnlich wie die Lösung eines hinreichend bestimmten Gleichungssystems möglich wird. Vielmehr geht es darum, zwischen den Akteuren des Strategieentwicklungsprozesses ein gemeinsames Verständnis darüber herzustellen, wo das Unternehmen besondere Ansatzpunkte zur Erlangung oder Verteidigung von Wettbewerbsvorteilen aufweist. Immer sind für ein Unternehmen viele Wege der zukünftigen strategischen Entwicklung offen; selten dagegen wird es möglich sein, aus der gegebenen Situation den einen optimalen Weg zu bestimmen. Aus diesem Grunde kann nicht vorausgesetzt werden, daß eine auf rein rational-analytischem Wege abgeleitete Strategie vom gesamten Unternehmen vorbehaltlos akzeptiert und im Sinne ihrer Schöpfer in die Tat umgesetzt wird: die Festlegung eines bestimmten Entwicklungspfades bedingt den Ausschluss aller anderen möglichen Pfade, wobei meist eine Vielzahl von Trade-offs in Kauf genommen werden muß. Die Beurteilung dieser Trade-offs wiederum hängt von der persönlichen Einschätzung jedes Mitarbeiters ab; nur wenn es gelingt, auf dieser Ebene Zustimmung zur entworfenen Strategie zu erzeugen, besteht überhaupt erst die Aussicht auf eine erfolgreiche Umsetzung. Deshalb ist es zwingend erforderlich, auf der Ebene der handelnden Individuen eine einheitliche Diskusionsgrundlage zu schaffen, auf der dann ein strategischer Diskurs zur gemeinsamen Ermittlung der zukünftigen Ausrichtung des Unternehmens aufbauen kann. Nur durch die gemeinsame Erkenntnis und die intersubjektiv einheitliche Beurteilung der Stärken und Schwächen des Unternehmens kann der gemeinsame Wille erzeugt werden, daß Unternehmen in eine von allen Beteiligten als sinnvoll akzeptierte Richtung zu verändern. Gleichzeitig liegt es nahe, daß nur im Unternehmen erkannte Kompetenzen auch tatsächlich bewußt strategisch eingesetzt werden können. Mobilisierung von Kompetenz für strategische Ziele setzt also deren Identifikation voraus und damit ein vertieftes Wissen über das Unternehmen selbst.

Um diese anspruchsvolle Zielsetzung zu erreichen, wird in den folgenden Kapiteln dieses Buches nun ein mehrere Schritte umfassender Prozeß vorgeschlagen, der an dieser Stelle vorab kurz skizziert werden soll.

Die erste Voraussetzung für die praktische Anwendung der Konzepte des RBV im Rahmen einer strategischen Unternehmensanalyse besteht darin, die bei der weiter oben erfolgten Darstellung dieses Ansatzes deutlich gewordene Vielfalt und Ambiguität in der Definition spezifischer Begriffe[84] durch eine zielführende, d.h. einheitliche und operationale, Festlegung zu ersetzen. Diese Definitionen werden im ersten Schritt des hier vorgestellten Verfahrens entwickelt.

Anschließend besteht die Aufgabe darin, das spezifische Unternehmensbild des RBV, in dem sich die Unternehmung als ein Bündel von Ressourcen darstellen läßt, auf ein zu betrachtendes Unternehmen anzuwenden. Dazu müssen prinzipiell alle Gegenstände und Fähigkeiten, die als konstituierende Elemente des Unternehmens gelten können, erfaßt und in eine für die folgenden Schritte nutzbare Struktur gebracht werden.[85] Hierbei stellt es eine besondere konzeptionelle Herausforderung dar, auch solche Ressourcen mit in die Erfassung einzubeziehen, die zwar derzeit nicht zum Ressourcenportfolio des betrachteten Unternehmens gehören, aber dennoch als relevant für den Wettbewerbserfolg in der jeweiligen Branche betrachtet werden müssen. Gerade solche Ressourcen können durch ihr Fehlen eine Schwäche darstellen, so daß ihre Berücksichtigung in jedem Falle von großer Bedeutung für die vollständige Beschreibung der strategieorientierten Ressourcenposition

---

[84]Vgl. die Übersicht in Kap. 2.3.1. „Der Ressourcenbegriff".

[85]Vgl. Klein, J.A.; Hiscocks, P.G.: „Competence-based Competition: A Practical Toolkit", in: Hamel, G.; Heene, A.: „Competence Based Competition", a.a.O., S. 183-212.

des Unternehmens ist.

Einen guten Ausgangspunkt für die Ermittlung der Ressourcen stellen die Ergebnisse einer Messung der von Kunden wahrgenommenen Wettbewerbsvorteile des zu analysierenden Unternehmens dar.[86] Durch Hinterfragung der Entstehungsmöglichkeiten der besonders signifikanten Wettbewerbsvorteile dürften dabei im Sinne des RBV insbesondere solche Ressourcen in den Vordergrund treten, die im Ergebnis einer späteren Bewertung als Stärken charakterisiert werden.[87]

Nachdem dieser Prozeß der Bestandsaufnahme erfolgreich abgeschlossen worden ist, werden anschließend aus der Menge aller Ressourcen diejenigen mit besonderer strategischer Relevanz ermittelt. Zu diesem Zwecke gilt es zunächst festzulegen, worin der strategische Charakter einer Ressource eigentlich besteht.[88] Bei dieser Auswahl bzw. Entwicklung von Maßstäben muß berücksichtigt werden, daß die auf ihrer Basis vorgenommene Bewertung als ein Ergebnis der Unternehmensanalyse in den weiteren Verlauf einer zukunftsorientierten Strategieentwicklung eingeht. Die Ressourcenbewertung muß der Dynamik dieses Prozesses Rechnung tragen, indem sie nicht nur auf die Beschreibung des Status quo abzielt, sondern auch die zukünftigen Entwicklungspotentiale der einzelnen Ressourcen mit in die Betrachtung einbezieht.

Nach Beendigung eines solchermaßen gekennzeichneten Bewertungsprozesses ist abschließend die sinnvolle Einbindung der Untersuchungsergebnisse in den weiteren Prozeß der Strategieentwicklung zu gewährleisten, insbesondere in Hinblick auf eine zielorientierte Verbindung mit den Erkenntnissen einer komplementär vorgenommenen Umfeldanalyse.

3.2 Abgrenzung zu vorhandenen Methoden der Unternehmensanalyse

Das im folgenden entwickelte Verfahren geht über eine konventionelle Stärken-Schwächen-Analyse weit hinaus. Um die Unterschiede deutlich zu machen, ist eine genauere Untersuchung der Defizite „klassischer"

---

[86] Vgl. ebda., S. 194.

[87] Zu einem Beispiel dieser Vorgehensweise siehe: Bogner, W.C.; Thomas, H.: „Core Competence and Competitive Advantage: A Model and Illustrative Evidence from the Pharmaceutical Industry", in: : Hamel, G.; Heene, A.: „Competence Based Competition", a.a.O., S. 111-144.

[88] Bei der Darstellung des Resource-based View wurden bereits einige Ansatzpunkte in dieser Hinsicht eingeführt, siehe Kap. 5.3.3. „Strategisch relevante Ressourcen".

Stärken-Schwächen-Analysen mit ihrer typischen Ergebnisaufbereitung in Form von Unternehmensprofilen hilfreich. Zu diesem Zweck soll hier stellvertretend auf die Erläuterungen von HINTERHUBER eingegangen werden, der in seinem Werk eine typische Darstellung dieses Verfahrens wiedergibt.

In seinem entsprechenden Beitrag zum Thema der Stärken-Schwächen-Analyse verweist der genannte Autor auf die Notwendigkeit, die spezifischen Besonderheiten jedes einzelnen zu analysierenden Unternehmens zu berücksichtigen.[89] Er schlägt zu diesem Zweck eine generische Liste von Erfolgsfaktoren vor, anhand derer ein konkretes Unternehmen zu untersuchen ist; die Ergebnisse dieser Untersuchung werden dann zusammenfassend in einem Polaritätsprofil dargestellt, in dem anhand einer kardinalen Werteskala die Leistung des betrachteten Unternehmens im jeweiligen Bereich mit der relevanter Konkurrenten verglichen wird. Dadurch wird deutlich, welche Unternehmensaktivitäten im Wettbewerbsvergleich gut bzw. schlecht positioniert sind, mithin als Stärken bzw. Schwächen beurteilt werden können. Eine Verfeinerung dieser Analyse kann vorgenommen werden, indem durch die Gewichtung der Zielbeiträge einzelner Erfolgsfaktoren ein Scoring-Modell entwickelt wird, mit dessen Hilfe sich die unterschiedliche Bedeutung der einzelnen Faktoren in verschiedenen Branchen abbilden läßt.[90]

Trotz aller Verfeinerungsversuche läßt sich nicht verhehlen, daß die Verwendung der Stärken-Schwächen-Analyse in der dargestellten Form im Prozeß der Strategieentwicklung signifikante Probleme konzeptioneller Art aufwirft.

Erstens erfolgt die Bewertung von Erfolgsfaktoren als strategische Stärken bzw. Schwächen ausschließlich anhand des Maßstabes relevanter Wettbewerber. Zwar ist es durchaus erforderlich, bei der Unternehmensanalyse Bezug auf externe Elemente und mithin auch auf Wettbewerber zu nehmen, um die Gefahr eines Realitätsverlustes bei zu starkem Eigenbezug zu minimieren.[91] Aber die *ausschließliche* Kon-

---

[89] Zum dargestellten Polaritätsprofil und zu den folgenden Inhalten siehe Hinterhuber, H.H.: „Strategische Unternehmensführung I – Strategisches Denken", a.a.O., S. 83 ff.

[90] Vgl. Bea, F.X.; Haas, J.: „Strategisches Management", a.a.O., S. 102 f. und S. 138 ff.

[91] „Ein Hauptproblem bei der Hervorhebung von Kompetenzen ist die Bewahrung von Objektivität. ... Organisationen werden häufig Opfer vergangener Triumphe, zukunftsgewandter Hoffnungen und von Wunschdenken.", in: Grant, R.M.: „The Resource-based Theory of Competitive Advantage", a.a.O., S. 121.

Abgrenzung zu vorhandenen Methoden der Unternehmensanalyse

zeptualisierung von Wettbewerbern als Bezugspunkt für die strategische Leistungsmessung legt die Befürchtung nahe, eher gleichmacherische und mithin kontraproduktive, weil strategieverhindernde Entwicklungen anzustoßen, als Quellen für nachhaltige Wettbewerbsvorteile aufzuzeigen.[92] In der *Verschiedenartigkeit* eines Unternehmens hinsichtlich wichtiger Ressourcen ist der Ursprung von Wettbewerbsvorteilen zu sehen, *nicht* in der *Nivellierung* dieser Unterschiede.[93] Zwar kann den vergleichenden Polaritätsprofilen nicht per se unterstellt werden, eine explizite Angleichung von Wettbewerbern in einer Branche zu fördern, zumal die festgestellten Schwächen ja durchaus nicht „behoben" werden müßten, sondern vielmehr auch als gewollter Ausdruck einer spezifischen Unternehmensstrategie mit ihren erforderlichen Tradeoffs gelten könnten.[94] Aber eine solche Interpretation der Ergebnisse wird erschwert sowohl durch die fehlende Erfassung von Interdependenzen zwischen den einzelnen Erfolgsfaktoren als auch durch ihre mangelhafte Operationalität. So fällt es angesichts des in Abbildung 5 dargestellten Polaritätsprofils dem Betrachter schwer zu identifizieren, was sich hinter dem Erfolgsfaktor „Kostensituation, Differenzierung" konkret verbergen könnte und wie er mit den anderen genannten Elementen zusammenhängt.

Ein weiterer Kritikpunkt läßt sich an der fehlenden Einbeziehung dynamischer Aspekte in die Analyse festmachen: die Erfolgsfaktoren des Unternehmens werden ausschließlich in ihrer derzeitigen Ausprägung bewertet. Da eine solche Bewertung aber nur vor dem Hintergrund einer sich dynamisch ändernden Umwelt sinnvoll erfolgen kann, ist es unumgänglich, für die Entwicklung einer zukünftigen Strategie auch Bewertungsänderungen zu berücksichtigen, die sich aus neuen Umweltbedingungen ergeben. So kann beispielsweise eine derzeit bestehende Stärke durch sich bereits im Moment der Strategieentwicklung abzeichnende Umweltänderungen neutralisiert bzw. in ihr Gegenteil verkehrt

---

[92] „Das Ziel besteht nicht einfach darin, die Produkte und Prozesse eines Wettbewerbers zu vergleichen und dessen Methoden zu imitieren, sondern einen unabhängigen Blick für die zukünftigen Möglichkeiten und deren Nutzung zu entwickeln. Bahnbrechende Neuerungen werden deutlich besser belohnt als Vergleiche."; Hamel, G.; Prahalad, C.K.: „Competing for the Future", a.a.O., S. 24.

[93] Vgl. Henderson, B.D.: „Geht es um Strategie – schlag nach bei Darwin!", a.a.O., S. 3-12.

[94] Zu dieser Notwendigkeit von Trade-offs bei der Strategiebestimmung sowie zur generellen Kritik der in der Stärken/Schwächen-Analyse HINTERHUBERS angelegten Benchmarking-Konzeption im strategischen Management siehe: Porter, M.E.: „What is Strategy?", a.a.O., S. 64 f. und S. 68 f.

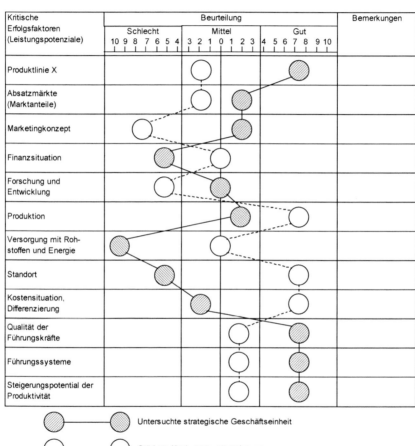

Abbildung 5: Beispiel Polaritätsprofil

werden: Früher stellte zum Beispiel das ausgedehnte Filialnetz einer Bank eine Stärke dar, da es die Vorbedingung für schnelle Erreichbarkeit war. Heute dagegen bedingt ein umfangreiches Filialnetz einen erheblichen Kostennachteil gegenüber solchen Wettbewerbern, die sich die rasante Entwicklung im Bereich der Kommunikationstechnologien zunutze machen und ihre Geschäfte ausschließlich über Telefon oder Internet abwickeln.

Über die genannten Aspekte hinaus läßt sich der quasi-objektivistische Charakter konventioneller Stärken-Schwächen-Analysen kritisieren. Die Darstellung von Stärken und Schwächen impliziert konkreten Handlungsbedarf, ohne die Annahmen und Vereinfachungen zu thematisieren, die zur Erstellung eines entsprechenden Profils notwendigerweise getroffen werden mußten. Durch diese Verkürzung gehen wichtige Informationen verloren, die für eine fundierte strategische Entscheidungsfindung unentbehrlich wären.

Schon anhand der drei genannten Kritikpunkte wird die mangelnde Operationalität der Stärken-Schwächen-Analyse als Basis strategischer Entscheidungen deutlich. Die im weiteren Verlauf dieses Buches entwickelte Methodik der strategischen Unternehmensanalyse berücksichtigt demgegenüber die genannten Problemfelder sowohl durch die Verwendung absoluter und relativer Bewertungsmaßstäbe für die Ressourcenposition des Unternehmens als auch durch die Einbeziehung zukünftiger Entwicklungen. Durch die Breite des damit abgedeckten Möglichkeitenraumes hinsichtlich der Konstitution des Unternehmens und seiner derzeitigen und möglichen Wirkung erhält das vorgestellte Verfahren seine strategische Dimension.

3.3 Methodische Überlegungen

Die Entwicklung einer Methodik zur Bestimmung und Bewertung der Ressourcenbasis von Unternehmen muß mit konzeptionellen Überlegungen bezüglich der Informationsgewinnung und -verarbeitung im Strategieentwicklungsprozeß beginnen.

Zunächst einmal muß dabei die Frage beantwortet werden, aus welcher Quelle die benötigten Informationen hinsichtlich der Ressourcen des Unternehmens kommen sollen bzw. kommen können. Auf theoretischer Ebene lassen sich hier verschiedene Ansatzpunkte entwickeln, etwa die Analyse öffentlich zugänglicher Informationen über das Unternehmen oder die Untersuchung der am Markt erhältlichen Produkte und Leistungen im Sinne eines „reverse engineering" durch neutrale Dritte.[95] Allerdings eröffnen solche Vorgehensweisen enorme Interpretationsspielräume; es liegt die Vermutung nahe, daß derart ermittelte Erkenntnisse über die Ressourcenposition des Unternehmens ohne zusätzliche Validierung leicht den Charakter eines persönlichen Urteils, unter Umständen basierend auf Informationen aus zweiter Hand, annehmen können. Um dieses Problem zu umgehen, bietet es sich an, die Wissensbasis desjenigen Personenkreises mit der besten Kenntnis des Unternehmens zur Ermittlung und Bewertung der Ressourcen zu nutzen. Offensichtlich handelt es sich hierbei um die Mitarbeiter des zu untersuchenden Unternehmens, die nicht nur dessen Aufbau und Funktion besser kennen als irgendeine andere Gruppe von Stakeholdern, sondern die durch ihre Aktivitäten die Gestalt des Unternehmens im eigentlichen Sinne erst formen. Hier gilt es allerdings zu berücksichtigen, daß dieses Urteil nicht auf alle Mitarbeiter in gleichem Maße zutrifft: der breiten Informationsbasis und den relativ umfassenden Gestaltungsfreiheiten des Top-Managements stehen auf niedrigeren Hierarchieebenen abnehmende Einflußmöglichkeiten bezüglich der Gestalt des Unternehmens gegenüber, die im Extremfall ausschließlich ausführender Tätigkeiten im tayloristischen Sinne vollständig negiert werden.

Für den Prozeß der Strategieentwicklung im allgemeinen und der Unternehmensanalyse auf Basis des RBV im besonderen bedeutet dies, daß der Kreis der einzubeziehenden Mitarbeiter Gegenstand einer bewußt zu treffenden Auswahl sein muß.[96] Dabei gilt es zu berücksichtigen, daß bei einer zu starken Fokussierung auf Mitglieder des Top-Managements die Gefahr einer zu hohen inhaltlichen Aggregation besteht, während die Einbeziehung eines zu breiten Personenkreises sowohl zu einem ungünstigen Kosten-Nutzen-Verhältnis[97] als auch zu einer Verwässerung der erhaltenen Informationen führen kann. Letzteres muß insbesondere dann befürchtet werden, wenn eine größere Anzahl von Mitarbeitern in die Strategiearbeit mit einbezogen wird, die aufgrund ihrer Aufgaben im Unternehmen nicht über die zur Urteilsbildung in strategischer Hinsicht notwendigen Informationen verfügen. Unter Berücksichtigung der aufgezeigten Problemfelder und in Würdi-

---

[95] Solche Elemente werden als Teile einer umfassenderen Vorgehensweise vorgeschlagen von Klein, J.A.; Hiscocks, P.G.: „Competence-based Competition: A Practical Toolkit", a.a.O., S. 194.

[96] Vgl. Eden, C.; Ackermann, F.: „Making Strategy", Sage Publications, London, 1998, S. 56 ff.

[97] Siehe ebda., S. 59

Methodische Überlegungen 55

gung der in dieser Hinsicht existierenden theoretischen Überlegungen wird für die hier zu entwickelnde Methodik die Einbeziehung eines hauptsächlich aus Mitarbeitern des mittleren Managements bestehenden Kreises vorgesehen,[98] der ergänzt wird durch die in absoluten Zahlen ohnehin schwächer vertretene Gruppe des Top-Managements sowie um einzelne Teilnehmer aus dem stark operativ geprägten Bereich. Vorausgesetzt, die Mitarbeiter einer derart zusammengesetzten Gruppe decken alle verschiedenen Tätigkeitsfelder des Unternehmens sowohl in funktionaler Hinsicht als auch in Hinblick auf die verschiedenen organisatorischen Subeinheiten vollständig ab, so kann davon ausgegangen werden, daß das Ziel der Gewinnung einer möglichst breiten Informationsbasis bei angemessenem Aufwand weitgehend erreicht wird.

An dieser Stelle wird allerdings ein konzeptionelles Problem bei der Einbeziehung des genannten Mitarbeiterkreises deutlich: anders als bei der strategischen Umfeldanalyse, bei der die Rolle der Informationslieferanten im wesentlichen den befragten Kunden (bestehenden, ehemaligen und potentiellen) zufällt,[99] sollen hier diejenigen Mitarbeiter diese Rolle ausfüllen, die im weiteren Prozeßverlauf maßgeblich für die Umsetzung der zu entwickelnden Strategie verantwortlich und bezüglich des zu erwartenden Wandels im Unternehmen auch am stärksten von ihr betroffen sind. Dies hat unmittelbar zur Folge, daß die Ergebnisse einer auf Mitarbeiteraussagen beruhenden Unternehmensanalyse nicht a priori objektive Gültigkeit beanspruchen können, da sie unter Umständen von „politischen" Erwägungen auf individueller Ebene überlagert werden;[100] dieser Punkt wird auch von EDEN/ACKERMANN verdeutlicht:

> „Von der Strategieentwicklung wird üblicherweise erwartet, daß sie die Arbeitsweise einer Organisation verändert. (Wie wir sagten,) werden die Betroffenen Veränderungen jedweder Art immer als mit Gewinnern und Verlierern verbunden betrachten. Insbesondere werden sich auch die Hauptträger

---

[98] Zur Bedeutung der umfassenden Einbeziehung des mittleren Managements in die Strategieentwicklung siehe: Wooldridge, B.; Floyd, S.W.: „The Strategy Process, Middle Management Involvement, and Organizational Performance", in: Strategic Management Journal, Vol. 11, 1990, S. 231-241.
[99] Zumindest in der vorgeschlagenen Methode von RUGHASE.
[100] Auf die politischen Elemente strategischer Entscheidungsfindung weisen hin: Eisenhardt, K.; Zbaracki, M.J.: „Strategic Decision Making", in: Strategic Management Journal, Vol. 13, 1992, S. 17-37.

des eigentlichen Wandels als potentielle Gewinner oder Verlierer betrachten. Sobald Strategie als einflußreich antizipiert wird, erzeugt der Strategieentwicklungsprozeß ein erhebliches Maß von Politik in der Organisation."[101]

Aus diesem Grunde ist es erforderlich, die Glaubwürdigkeit der ermittelten Informationen durch gezielte Maßnahmen zu fördern. Anders als bei den Ergebnissen der *Umfeldanalyse*, die sich hinsichtlich ihrer Gültigkeit immer auf die für den einzelnen Mitarbeiter in letzter Konsequenz abstrakte Instanz der strukturierten Kundenwahrnehmung berufen können, unterliegen die Ergebnisse der *Unternehmensanalyse* immer dem Zweifel des subjektiv-individuellen Urteils;[102] dies trifft insbesondere dann zu, wenn die Unternehmensanalyse von externen Beratern durchgeführt wird, die über keine denen der Mitarbeiter vergleichbaren Unternehmenskenntnisse verfügen können. Um dieser Problemstellung gerecht zu werden, ist es erforderlich, bei der Entwicklung eines Verfahrens zur Unternehmensanalyse auf Basis des RBV einige Aspekte bezüglich der Meinungsbildung und Entscheidungsfindung im Unternehmen gesondert zu berücksichtigen.[103]

Zunächst einmal muß sichergestellt werden, daß die am Ende des Prozesses mit den Ergebnissen der Unternehmensanalyse konfrontierten Mitarbeiter, die den oben dargestellten Erläuterungen zufolge identisch sind mit dem zur Informationsgewinnung herangezogenen Personenkreis, die Vorgehensweise der Unternehmensanalyse als sachlich fundiert und logisch nachvollziehbar betrachten. Nur auf Basis einer solchen „*Prozeßrationalität*"[104] kann erwartet werden, daß die Ergebnisse der Untersuchung auch bei ursprünglich abweichendem Subjektivurteil als gültig akzeptiert werden. Zu diesem Zwecke ist es ebenfalls erforderlich, den Aspekt der „*Prozeßgerechtigkeit*"[105] zu berücksichtigen. Nur wenn die Aussagen aller am Prozeß der Unternehmensanalyse beteiligten Mitarbeiter gleichgewichtig in die Ergebnisermittlung einge-

---

[101] Eden, C.; Ackermann, F.: „Making Strategy", a.a.O., S. 46.

[102] Zur verschiedenartigen Wahrnehmung identischer Phänomene siehe: Lyles, M.A.; Thomas, H.: „Strategic Problem Formulation: Biases and Assumptions Embedded in Alternative Decision Making-Models", in: Journal of Management Studies, Vol. 25, No. 2, 1988, S. 131-145.

[103] Zu den folgenden Anforderungen an eine „demokratische" Strategieentwicklung siehe Hamel, G.: „Strategy as Revolution", a.a.O., S. 75 ff.

[104] Zu Begriff und Konzept siehe Eden, C.; Ackermann, F.: „Making Strategy", a.a.O., S. 55 f.

[105] Ebda., S. 53 f.

Methodische Überlegungen

hen, kann davon ausgegangen werden, daß die Ergebnisse angenommen werden.[106] In dieser Hinsicht kommt auch der Ausschaltung politischer Störfaktoren besondere Relevanz zu. Da bei einzelnen Mitarbeitern, je nach Unternehmenskultur wohl zurecht, die Befürchtung bestehen könnte, sich durch bestimmte öffentliche Aussagen in eine nachteilige Position zu manövrieren, empfiehlt es sich, die Informationsgewinnung auf anonymem Wege zu betreiben.[107] Dadurch kann ein hohes Maß von Offenheit hinsichtlich der gemachten Aussagen erwartet werden; allerdings besteht dabei wiederum die Gefahr, daß bei der Antizipation strategischer Folgen gerade in anonymen Befragungen, also bei Abwesenheit unmittelbarer inhaltlicher Kontrolle, einzelne Mitarbeiter durch tendenziöse Aussagen die Ergebnisse in eine von ihnen gewünschte Richtung zu manipulieren versuchen. Dem kann vorgebeugt werden, indem eine Mindestanzahl von Personen definiert wird, deren Meinung zur endgültigen Beurteilung eines Sachverhaltes hinzugezogen werden muß. In ähnlicher Weise scheint die Definition von Mindestanforderungen an inhaltliche Übereinstimmung bei der Bewertung einzelner Positionen dazu geeignet, die Folgen versuchter politischer Einflußnahme zu begrenzen. Außerdem implizieren die ermittelten Stärken und Schwächen des Unternehmens keine Zwangsläufigkeit hinsichtlich der inhaltlichen Festlegung der zu entwickelnden Strategie, sondern sind vielmehr als Grundlage eines anschließenden strategischen Diskurses gedacht. Als solche sind sie stets hinterfragbar und zumindest bei extrem abweichenden Standpunkten im Nachhinein auch korrigierbar.

Zusammenfassend läßt sich festhalten, daß im Falle der strategischen Unternehmensanalyse notwendigerweise auf die Wissensbasis der Mitarbeiter zugegriffen werden muß:[108]

---

[106] MCFARLIN/SWEENEY weisen in einer empirischen Studie nach, daß Mitarbeiter ihre Unternehmensbindung („organizational commitment") und die Beurteilung ihrer Vorgesetzten stärker von Aspekten der Prozeßgerechtigkeit als von tatsächlichen personenbezogenen Ergebnissen abhängig machen. Siehe McFarlin, D.; Sweeney, P.D.: „Distributive and Procedural Justice as Predictors of Satisfaction with Personal and Organizational Outcomes", in: Academy of Management Journal, Vol. 35, No. 3, 1992, S. 626-637.

[107] Anonymität fördert die Prozeßgerechtigkeit: da die einzelnen Aussagen nicht einer konkreten Person zugeordnet werden können, ist es unmöglich, eine letztendlich personenabhängige Gewichtung vorzunehmen. Zum Punkt der Anonymität in der Strategiearbeit generell siehe Eden, C.; Ackermann, F.: „Making Strategy", a.a.O., S. 60 f.

[108] Reid, D.M.: „Operationalizing Strategic Planning", in: Strategic Management Journal, Vol. 10, 1989, S. 553-567.

> „Viele Manager, die zur Strategieentwicklung beitragen könnten, werden offenkundig nicht dazu ermuntert. In den meisten Unternehmen gibt es einen verborgenen Schatz nicht genutzter Expertise. Das führt zu ungenügender Betrachtung von weniger Entscheidungsvariablen, was letztendlich wiederum schwache Entscheidungen nach sich zieht."

Allerdings agieren und urteilen die einbezogenen Mitarbeiter jedoch im gesamten Prozeß der Strategieentwicklung nicht neutral und objektiv, sondern unterliegen Informationsasymmetrien und politischen Einflüssen bzw. Interessen, die sich als Konsequenz der Zugehörigkeit zu der zu beschreibenden bzw. zu bewertenden Organisation ergeben. Um dennoch einen Gültigkeitsanspruch für die ermittelten Informationen erheben zu können, ist es notwendig

- auf die analytische Geschlossenheit des angewendeten Verfahrens zu achten,
- Prozeßgerechtigkeit zu schaffen,
- die Anonymität der Auskunftgeber sicherzustellen und Versuche politischer Einflußnahme durch die Breite des eingeholten Informationsspektrums sowie durch Mindestanforderungen an die inhaltliche Übereinstimmung abzuwehren.

Werden diese Punkte beachtet, so können die ermittelten Ergebnisse berechtigten Anspruch auf weitere Verwendung als Grundlage der Strategiefindung beanspruchen.

Bis zu dieser Stelle ist bereits mehrfach angeklungen, daß Strategieentwicklung im Kontext dieses Buches als ein Prozeß verstanden wird, der die gezielte Einbeziehung eines breiten Mitarbeiterkreises erfordert. Dieses Verständnis erkennt explizit an, daß eine Trennung der Strategiearbeit in die zwei Schritte „Entwicklung" und „Implementierung" insofern artifizieller Natur ist, als sie letztendlich die Identität der handelnden Personen übersieht, oder, wie es EDEN/ACKERMANN ausdrücken: „Strategic management is about people creating outcomes, not just about outcomes."[109] Abweichend von den vielen Ansätzen des strategischen Managements kommt die Annahme zum Ausdruck, die Implementierbarkeit einer Strategie hänge ausschließlich vom logisch-analytischen Niveau ihrer Ermittlung ab. Dagegen wird hier explizit davon

---
[109]Eden, C.; Ackermann, F.: „Making Strategy", a.a.O., S. 11.

Methodische Überlegungen

ausgegangen, daß für die Strategieumsetzung neben dieser analytischen Schlüssigkeit kognitive und emotionale Faktoren eine gleichgewichtige Rolle spielen. Dieser Aspekt wird auch von EDEN/ACKERMANN betont:

> „Ein zentrales Element der Strategieschaffung ist das Ausmaß der Balance zwischen emotionaler und kognitiver Bindung an die Strategie auf seiten der Organisationsmitglieder. Die Notwendigkeit, sowohl ‚das Herz als auch den Verstand' zu vereinnahmen, wird bedingt von der Art der Strategieentwicklung und von der Angemessenheit der resultierenden Ergebnisse in Form einer Strategie. Effektive Strategieschaffung wird signifikant mit einem Prozeß der Strategieentwicklung und einem Prozeß der Strategievermittlung verbunden sein, in denen die Einbeziehung von Personen ein zentrales Element darstellt. Wir vertreten den Standpunkt, daß ein anregender und begeisternder Prozeß für die Schaffung von Verbundenheit ebenso wichtig ist wie ‚rational-analytische' Aktivitäten."[110]

Vor diesem Hintergrund kann nun auch die Einordnung des Resource-based View in den Prozeß einer prospektiven Strategieentwicklung erfolgen: der RBV ermöglicht als theoretische Fundierung der Unternehmensanalyse die Erreichung *logisch-analytischer Schlüssigkeit*; auf *kognitiver und emotionaler Ebene* muß dagegen das konkret zum Einsatz kommende Verfahren die oben genannten Aspekte berücksichtigen, um durch die Überzeugungskraft der gewonnenen Informationen deren konsequente Nutzung im analysierten Unternehmen zu gewährleisten.[111] Diesem Punkt kommt auch deshalb besondere Bedeutung zu, weil die Entwicklung und Umsetzung einer neuen Strategie per Definition mit einem Wandel sowohl im relevanten Unternehmensumfeld als auch in der Denkweise jedes einzelnen Mitarbeiters verbunden sein muß.[112] Ein solcher Wandel setzt jedoch implizit voraus, daß die Entwicklung und Umsetzung einer neuen Strategie nicht im luftleeren Raum völliger Orientierungslosigkeit hinsichtlich der zukünftigen Unternehmensentwicklung stattfinden kann, sondern daß vielmehr die beteiligten Mitarbeiter konkrete Vorstellungen hinsichtlich der Ziele des Unternehmens und

---

[110] Ebda., S. 29.
[111] Vgl. Hamel, G.: „Strategy as Revolution", a.a.O., S. 75 ff.
[112] Vgl. Eden, C.; Ackermann, F.: „Making Strategy", a.a.O., S. 11.

ihrer Erreichung haben. Im Sinne von MINTZBERGS „emergenten Strategien" sind die Handlungen der Mitarbeiter von diesen individuellen Vorstellungen geprägt, unabhängig davon, ob sie nur implizit vorhanden oder explizit, z.B. in Form eines „Unternehmensleitbildes", fixiert sind.[113] Dementsprechend kann es das Ziel von Strategieentwicklung nur sein, die Grundlagen dieser individuellen Handlungsmuster aufzudecken und sie gezielt dahingehend zu beeinflußen, daß im Ergebnis ein gewünschtes Maß von Einheitlichkeit entsteht. Zu diesem Punkt REID:

> „In nahezu jedem Unternehmen gibt es das Äquivalent jahrhundertealter Kenntnis entweder der Branche oder der Organisation. Es muß immer unterschiedliche Perspektiven geben und nur einen Weg, den das Unternehmen einschlagen kann. Trotzdem kann aus der Überzeugung – wenn nicht Überredung – aller, daß die eingeschlagene Richtung Sinn macht, eine stärkere Ausrichtung auf die Erreichung der gesetzten Ziele resultieren."[114]

Das im folgenden in seinen konkreten Einzelschritten vorgestellte Verfahren zur Unternehmensanalyse auf Basis des Resource-based View berücksichtigt neben den analytischen dementsprechend auch Elemente der kognitiven Ebene, indem es über die strategierelevante Ermittlung von Stärken und Schwächen in der Ressourcenposition des Unternehmens hinaus den Abgleich individueller Bewertungen und Sichtweisen mit dem kollektiv vorhandenen Gesamtbild ermöglicht.

3.4 Operationalisierung grundlegender Konzepte

Wie bereits an früherer Stelle erwähnt, erfordert die praktische Nutzung der Erkenntnisse des Resource-based View für die Strategieentwicklung die zielgerichtete Definition der in diesem Prozeß verwendeten Begriffe. Zwar hat eine grundsätzliche Bestimmung dessen, was mit dem Begriff „Ressourcen" gemeint ist, bereits stattgefunden; dennoch soll an dieser Stelle noch einmal auf die inhaltliche Beschreibung ausgewählter Termini eingegangen werden, weil die hier zu treffenden Definitionen den Ansprüchen einer Verwendbarkeit in der praktischen

---

[113]Vgl. Mintzberg, H.: „Strategie als Handwerk", in: C.A.; Porter, M.E: „Strategie", a.a.O., S. 459-476.
[114]Reid, D.M.: „Operationalizing Strategic Planning", a.a.O., S. 565.

Operationalisierung grundlegender Konzepte 61

Strategieentwicklung genügen müssen.[115] Dementsprechend kommt es darauf an, eine leicht verständliche und dennoch umfassende Taxonomie zu begründen.

3.4.1 Ressourcen

In Kapitel 2.3.1. ist bereits beschrieben worden, daß Ressourcen in vielen Ansätzen des RBV in Vermögensgegenstände und Fähigkeiten unterteilt werden.[116] Eine solche Disaggregation des Ressourcenbegriffes ist nicht zwingend erforderlich; es ließe sich eine Auseinandersetzung mit der Themenstellung auch unter Verwendung des allgemeinen Oberbegriffes „Ressourcen" vorstellen.[117] Bei einer solchen Vorgehensweise wäre allerdings zu erwarten, daß die gewonnenen Erkenntnisse einen sehr hohen Abstraktionsgrad aufwiesen, so daß einer praktischen Umsetzung die mangelnde Operationalität der Handlungsempfehlungen im Wege stehen dürfte. Aus diesem Grund wird für das zu entwickelnde Verfahren der Strategiebestimmung die Unterteilung von Ressourcen in Vermögensgegenstände und Fähigkeiten beibehalten.

3.4.2 Vermögensgegenstände

Bei der definitorischen Bestimmung von Vermögensgegenständen kann zunächst an die Diskussion dieser Thematik angeknüpft werden, die in Hinblick auf die Grundsätze ordnungsmäßiger Buchführung (GoB) im Handelsrecht geführt wird.

Dabei werden im wesentlichen drei Kriterien genannt, die ein Vermögensgegenstand erfüllen muß, um der *Aktivierungspflicht* zu unterliegen:[118]

- der Gegenstand wurde gegen ein Entgelt erworben;

---

[115] Zur Notwendigkeit einer praxisorientierten Begriffsdefinition bei der Umsetzung von RBV-orientierten Ansätzen siehe: Klein, J.A.; Hiscocks, P.G.: „Competence-based Competition: A Practical Toolkit", a.a.O., S. 175 f.

[116] So z.B. bei Aaker, D. (siehe „Managing Assets and Skills: the Key to a Sustainable Competitive Advantage", a.a.O., S. 91), Hall, R. („The Strategic Analysis of Intangible Resources", a.a.O., S. 136) und Collis, D.J.; Montgomery, C.A. („Competing on Resources: Strategy in the 1990s", a.a.O., S. 123).

[117] So die ursprüngliche Herangehensweise von Wernerfelt, B.: „A Resource-based View of the Firm", a.a.O., S. 172.

[118] Siehe Schildbach, Th.: „Der handelsrechtliche Jahresabschluß", 3. Aufl., Verlag NWB, Herne/Berlin, 1992, S. 37.

- er ist als Sache konkret faßbar oder als Forderungsrecht allgemein anerkannt;

- er kann einzeln und unabhängig von anderen Gegenständen veräußert werden.

Anhand dieser drei Bestimmungsgrößen kann festgelegt werden, ob es sich um einen Vermögensgegenstand handelt, der bilanziell zu erfassen ist. Als logische Schlußfolgerung ergibt sich daraus die Existenz von Vermögensgegenständen, die *nicht* als Aktiva in die Bilanz aufgenommen werden müssen. Hierbei handelt es sich um Positionen, für die ein Aktivierungswahlrecht (derivativer Firmenwert, Geschenke, geringstwertige Wirtschaftsgüter) oder ein Aktivierungsverbot (originärer Firmenwert, selbsterstellte immaterielle Vermögensgegenstände des Anlagevermögens) besteht.[119] Als entscheidend für die Unternehmenszugehörigkeit eines Vermögensgegenstandes gilt somit nicht dessen Bilanzierungspflicht, sondern die tatsächliche Verfügungsgewalt des Unternehmens.[120]

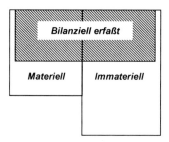

Abbildung 6: Bilanzielle Erfassung von Vermögensgegenständen

Über die Unterscheidung in bilanzierungspflichtige, -fähige und -unfähige Vermögensgegenstände hinaus besteht ein weiteres Gliederungsmerkmal für die Gesamtheit der Vermögensgegenstände in der Einteilung materiell bzw. immateriell. Als *materielle* Vermögensgegenstände werden Sachen als körperliche Gegenstände sowie Zahlungsmittel genannt.

---

[119]Ebda., S. 143 f.
[120]Zu berücksichtigen ist dabei, daß auch bei bilanzierungspflichtigen Vermögensgegenständen nicht das zivilrechtliche Eigentumsverhältnis, sondern das wirtschaftliche Eigentum den ausschlaggebenden Faktor darstellt; vgl. Baetge, J.: „Bilanzen"; 4. Aufl., IDW-Verlag, Düsseldorf, 1996, S. 155 f.

Operationalisierung grundlegender Konzepte

Hinsichtlich der Zuordnung von Forderungen, Beteiligungsrechten, Erbbaurechten etc. besteht Unklarheit, inwieweit sie als materiell oder immateriell zu klassifizieren sind. Demgegenüber herrscht Einigkeit bei der Zuordnung von Patenten, Warenzeichen, Gebrauchsmustern, Urheber- und Verlagsrechten, Konzessionen, Baurechten, Vertriebsrechten, Fabrikationsverfahren, Software etc. zu den immateriellen Vermögensgegenständen.[121]

Hinsichtlich der Aufgabenstellung des vorliegenden Buches ist es sinnvoll, die Begriffe sowohl der materiellen als auch der immateriellen Vermögensgegenstände so zu definieren, daß sie auch die *nicht* zwingend bilanziell zu erfassenden Positionen beinhalten. Es macht hinsichtlich der Verwendbarkeit eines materiellen Vermögensgegenstandes, wie z.B. eines Gebäudes, keinen Unterschied, ob der Erwerb per Kaufvertrag oder per Schenkung erfolgte. Hinsichtlich der immateriellen Vermögensgegenstände dürften sogar *insbesondere* solche Positionen von strategischer Bedeutung sein, die *nicht* bilanziell erfaßt werden. Wie bereits in Kapitel 2.3.2 dargelegt, sind vor allem die Ressourcen von strategischer Bedeutung, die nur beschränkt oder gar nicht über Märkte transferiert werden können. Da im externen Rechnungswesen das Hauptinteresse an Vermögensgegenständen aber in deren Fungibilität zu sehen ist, weil nur diese im Liquidationsfalle eine ausreichende Absicherung der Gläubiger gewährleistet,[122] sind dort selbsterstellte, immaterielle Vermögensgegenstände mit einem Aktivierungsverbot belegt. Die als Begründung dienende mangelnde Bewertbarkeit, unter anderem aufgrund von Nichthandelbarkeit, läßt gerade diese Ressourcen in einem strategischen Kontext besonders relevant erscheinen.[123] Dementsprechend befassen sich einige Ansätze des RBV explizit mit der Definition und anschließenden Ermittlung immaterieller Vermögensgegenstände. HALL unterscheidet beispielsweise in seinem Schema zur Klassifikation intangibler Ressourcen in Vermögensgegenstände und Fähigkeiten.[124] Dabei bestehen die Ausführungen wesentlich in einem Versuch der vollständigen Erfassung möglicher Positionen; Vermögensgegenstände

---

[121] Siehe Schildbach, Th.: „Der handelsrechtliche Jahresabschluß", a.a.O., S. 123 ff.
[122] Vgl. Baetge, J.: „Bilanzen"; a.a.O., S. 158 f.
[123] Zu diesem Argument siehe Teece, D.J.; Pisano, G.; Shuen, A.: „Dynamic Capabilities and Strategic Management", a.a.O., S. 517 f.
[124] Insbesondere Hall, R.: „The Strategic Analysis of Intangible Resources", a.a.O., S. 135-144 und Hall, R.: „A Framework Linking Intangible Resources and Capabilities to Sustainable Competitive Advantage", in: Strategic Management Journal, Vol. 14, 1993, S. 607-618.

werden dabei durch ihren *Bestandscharakter* von Fähigkeiten abgegrenzt. Dieses Kriterium läßt sich über die immateriellen hinaus auch auf die materiellen Vermögensgegenstände anwenden; beide Gruppen zeichnen sich durch eine prozeßunabhängige Existenz aus.

Als ein weiteres Kriterium der Abgrenzung von Vermögensgegenständen gegenüber Fähigkeiten soll an dieser Stelle neben der *Prozeßunabhängigkeit* auch die *Personenunabhängigkeit* eingeführt werden. Unterbleibt eine solche Erweiterung, so besteht hinsichtlich der im strategischen Kontext sehr wichtigen Position des Know-how ein Problem bei der Kategorisierung. Know-how läßt sich als Wissensbestand definieren und könnte somit als immaterieller Vermögensgegenstand erfaßt werden; da es sich in seiner Gesamtheit jedoch nicht kodifizieren läßt, sondern als personengebundene Größe nur beschränkt abstrakt darstellbar ist und ausschließlich auf dem Wege der Akkumulation erworben werden kann, soll es hier dem Bereich der Fähigkeiten zugeordnet werden.[125] *Know-how* grenzt sich in diesem Sinne als Fähigkeit, etwas zu tun, von Wissen als individuellem Informationsstand ab.[126]

Zusammenfassend kann man also folgende Definition treffen: Materielle und immaterielle Vermögensgegenstände als Ressourcen des Unternehmens umfassen alle als Bestand erfaßbaren Größen, über die ein Unternehmen als wirtschaftlicher Eigentümer verfügen kann. Neben den bilanziell erfaßten Positionen handelt es sich dabei insbesondere um selbsterstellte, immaterielle Vermögensgegenstände; als wesentliche Charakteristika von Vermögensgegenständen werden ihr Bestandscharakter, ihre Prozeßunabhängigkeit und ihre Personenunabhängigkeit identifiziert.

3.4.3 Fähigkeiten

Allgemein können Fähigkeiten als stereotype Handlungsmuster begriffen werden, die sowohl auf individueller als auch auf organisatorischer

---

[125] Wie im folgenden Abschnitt gezeigt werden wird, können Fähigkeiten in Form von organisational verankerten Routinen personenübergreifenden Charakter haben in dem Sinne, daß das Wissen einzelner Individuen nur mit Bezug auf dasjenige anderer Personen sinnvoll genutzt werden kann.

[126] Zur hier wiedergegebenen Argumentation und zur Abgrenzung von „Know-How" und „Knowledge" siehe grundlegend: Kogut, B.; Zander, U.: „Knowledge of the Firm, Combinative Capabilities, and the Replication of Technology", in: Organization Science, Vol. 3, Nr. 3, August 1992., S. 383-397.

Ebene manifest werden.[127] Als maßgebliche Eigenschaften von Fähigkeiten lassen sich Programmcharakter, Transparenzgrad und Flexibilität unterscheiden. Unter *Programmcharakter* wird dabei die Eigenschaft von Fähigkeiten bezeichnet, zur Erreichung eines vorab bestimmten Ziels einen oder mehrere Handlungsschritte ohne Zutun des Bewußtseins ablaufen zu lassen. Derartige Verhaltensstereotype erlauben Effizienzgewinne in einem tayloristischen Sinne. Der *Transparenzgrad* von Fähigkeiten gibt dabei an, inwieweit die zum Einsatz kommenden Fähigkeiten in ihren Grundlagen dem Handlungsträger bewußt sind. Eng verbunden damit ist der Faktor *Flexibilität*: nur wenn die Entstehungsbedingungen einer auf Lernprozessen basierenden Fähigkeit bekannt sind, ist es möglich, sie bei veränderten Anwendungsvoraussetzungen so zu adaptieren, daß entweder andere Ziele erreichbar sind oder aber gegebene Ziele in einer von der „Lernwelt" verschiedenen Umgebung realisiert werden können.

Solchermaßen gekennzeichnete Fähigkeiten können sowohl auf Ebene des Individuums als auch auf Ebene überindividueller Organisationen entstehen. Im letztgenannten Falle werden die Fähigkeiten als *Routinen* bezeichnet; sie bilden sich im Unternehmen als personenübergreifende Fähigkeiten zur Lösung häufig auftretender, ähnlich strukturierter Probleme.[128] Infolgedessen sind Routinen ihrem Wesen nach vergangenheitsorientiert;[129] ein unreflektierter Einsatz von Routinen, wie auch von rein individuellen Fähigkeiten, birgt somit im Falle sich verändernder Umweltbedingungen die Gefahr der Fehlsteuerung in sich.[130]

Sowohl individuelle Fähigkeiten als auch Routinen sind als Wissensspeicher akkumulativ; ihr Umfang wächst mit der Häufigkeit ihres Einsatzes bei der Problemlösung. Anders als bei physischen Vermögensgegenständen entsteht dadurch bei regelmäßiger Anwendung von Fähigkeiten kein Werteverzehr, der Abschreibungen erforderlich machen würde, sondern es wird im Gegenteil ein Wachstumsprozeß durch Lernef-

---

[127]Die grundsätzlichen Erläuterungen zu den Fähigkeiten folgen Rasche, C.: „Wettbewerbsvorteile durch Kernkompetenzen", a.a.O., S. 91 ff.
[128]Das Konzept der Routinen wird entwickelt bei Nelson, R.; Winter, S.: „An Evolutionary Theory of Economic Change", Belknap Press, Cambridge MA, 1982.
[129]Vgl. Rasche, C.: „Wettbewerbsvorteile durch Kernkompetenzen", a.a.O., S. 106.
[130]Zur Darstellung der innovationshemmenden Wirkung von bestehenden Fähigkeiten siehe Leonard-Barton, D.: „Core Capabilities and Core Rigidities", in: Strategic Management Journal, Vol. 13, 1992, S. 111-125.

fekte ausgelöst.[131] Diese besondere Eigenschaft macht Fähigkeiten und Routinen hinsichtlich der Erlangung von Wettbewerbsvorteilen interessant: da ein akkumulativer Erwerb die Möglichkeit schneller Imitation ausschließt, eröffnet er die Chance einer nachhaltigen Differenzierung gegenüber Wettbewerbern.[132] Aus diesem Grunde werden Fähigkeiten in den meisten Beiträgen zum RBV als die in strategischer Hinsicht wichtigste Gruppe von Ressourcen angesehen. Einige Ansätze, z.B. das bereits erläuterte Kernkompetenz-Konzept von PRAHALAD/HAMEL, gehen über diesen Standpunkt noch hinaus und bezeichnen die Fähigkeiten des Unternehmens als die bezüglich der Strategie einzig relevanten Faktoren.[133]

Aber selbst wenn den Fähigkeiten eine herausragende oder sogar ausschließliche Rolle im Prozeß des strategischen Managements zukäme, ließen sich diese Fähigkeiten nicht sinnvoll ohne eine Verknüpfung mit anderen Ressourcen des Unternehmens denken.[134] Der *Ressourcenbegriff* wird an dieser Stelle bewußt als die Summe von Vermögensgegenständen und Fähigkeiten benutzt, um dadurch die Aufmerksamkeit auf ein theoretisches Dilemma zu lenken: *Fähigkeiten sind rekursive Größen, da zu ihrer gezielten Bildung wiederum andere Fähigkeiten vorhanden sein müssen.*[135]

Dieser Sachverhalt hat dazu geführt, daß in der Literatur verschiedene Ansätze bezüglich einer Hierarchisierung von Fähigkeiten entwickelt worden sind. Stellvertretend soll hier nur das anhand eines Praxisbeispiels dargestellte Konzept von GRANT wiedergegeben werden.[136]

Aus Abbildung 7 wird ersichtlich, daß die Ableitung unterschiedlicher Fähigkeitsebenen im Ergebnis zu einem nicht mehr operationalen Grad von Komplexität führt. Eine solche Vorgehensweise mag hinsichtlich eines theoretischen Vollständigkeitsanspruches gerechtfertigt erscheinen; bezüglich einer praktischen Umsetzung ist es jedoch notwendig, die Taxonomie der Fähigkeiten auf ein handhabbares Maß zu beschränken, selbstverständlich ohne dabei nicht tolerierbare Informationsverluste

---

[131]Vgl. hierzu Hamel, G.; Prahalad, C.K.: „Competing for the Future", a.a.O., S. 186 f.
[132]Ebda., S. 1506 ff.
[133]Vgl. Teece, D.J.; Pisano, G.; Shuen, A.: „Dynamic Capabilities and Strategic Management", a.a.O., S. 524 f.
[134]Vgl. Grant, R.M.: „Contemporary Strategy Analysis", a.a.O., S. 126.
[135]Vgl. Klein, J.A.; Hiscocks, P.G.: „Competence-based Competition: A Practical Toolkit", a.a.O., S. 187.
[136]Grant, R.M.: „Contemporary Strategy Analysis", a.a.O., S. 131.

Operationalisierung grundlegender Konzepte 67

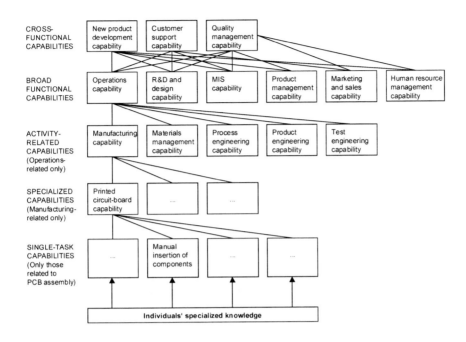

Abbildung 7: Hierarchie organisationaler Fähigkeiten (Beispiel)

in Kauf zu nehmen.[137] Eine nur scheinbare Lösung bietet in diesem Kontext der bereits erwähnte Ansatz von HALL, der die Fähigkeiten eines Unternehmens lediglich zwei Kategorien zuordnet: Know-How und Unternehmenskultur.[138] Diese Vorgehensweise wird zwar dem Anspruch reduzierter Komplexität hinsichtlich der Anzahl der verwendeten Begriffe gerecht, allerdings nur um den Preis eines sehr hohen Abstraktionsgrades. Gerade der Begriff der Unternehmenskultur ist in diesem Kontext problematisch, weil er sehr schwer systematisch zu greifen und mithin nur bedingt analytisch zu durchdringen ist:[139]

„„...es mag für Personen, die eine Kultur beobachten (oder

---

[137]Zu einem ähnlichen Schluß kommen Klein, J.A.; Hiscocks, P.G.: „Competence-based Competition: A Practical Toolkit", a.a.O., S. 185 f.
[138]Hall, R.: „The Strategic Analysis of Intangible Resources", a.a.O., S. 139.
[139]Barney, J.B.: „Organizational Culture: Can It Be a Source of Sustained Competitive Advantage?", in: Academy of Management Review, Vol. 11, No. 3, 1986, S. 656-665; anzumerken ist, daß BARNEY den Faktor Unternehmenskultur generell als Quell von nachhaltigen Wettbewerbsvorteilen zuläßt, wenn die Bedingungen positiven ökonomischen Nutzens, Seltenheit und Nicht-Imitierbarkeit erfüllt sind.

sogar in ihr leben), nicht möglich sein zu beschreiben, welche Züge dieser spezifischen Organisationskultur Wert für das Unternehmen schaffen. Werte, Symbole, Überzeugungen und Ähnliches sind notorisch schwer zu beschreiben und zu kategorisieren (...)"

Um den Ansprüchen einer *praxisorientierten* Begriffsdefinition gerecht zu werden, soll aufgrund der aufgezeigten Schwierigkeiten bei der Verwendung von in der Literatur vorzufindenden Konzepten hier eine eigene Definition des Begriffes „Fähigkeiten" getroffen werden. Dabei werden vor dem Hintergrund des RBV Fähigkeiten als das Know-how des Unternehmens[140] hinsichtlich

- der (Re-)Kombination von Ressourcen,

- des Auf- bzw. Ausbaus von Ressourcen und

- der Umnutzung von Ressourcen

definiert.[141] Die Fähigkeit zur *Kombination* von Ressourcen umfaßt hierbei technologisches Know-How aus allen Funktionalbereichen des Unternehmens, so wie es permanent im Wertschöpfungsprozeß zum Einsatz kommt. *Rekombination* als Fähigkeit bezieht sich wesentlich auf die Transparenz des ursprünglichen Kombinationswissens: wenn eine grundlegende Änderung von Einflußfaktoren eine Neukombination der am Wertschöpfungsprozeß beteiligten Ressourcen notwendig macht, entscheidet die Fähigkeit zur Rekombination über den Erfolg eines solchen Prozesses. Stellt sich beispielsweise heraus, daß der Einsatz eines bestimmten Key-Account-Managers aufgrund persönlicher Disharmonien zum Verlust eines bedeutenden Großkunden führen kann, so müssen die eingesetzten Ressourcen derart neu kombiniert werden, daß eine andere Person diese kritische Position besetzt. Die Fähigkeit zur Rekombination im Marketingbereich spielt dabei die entscheidende Rolle für die Geschwindigkeit, mit der ein solcher Wechsel stattfinden kann. Eine weitere Gattung von Fähigkeiten betrifft den *Auf-*

---

[140]Unternehmen hier gedacht als organisatorische Einheit zur Verknüpfung von rein individuellen Fähigkeiten und personenübergreifenden Routinen.

[141]Die Definition stellt eine Erweiterung auf der Grundlage des von Teece et. al. vorgestellten Konzeptes dar; siehe Teece, D.J.; Pisano, G.; Shuen, A.: „Dynamic Capabilities and Strategic Management", a.a.O., S. 509-533.

und Ausbau von Ressourcen. Sie beschreiben das Wissen des Unternehmens bezüglich des Erwerbs sowohl von Vermögensgegenständen als auch von Know-How. Damit gehen diese Fähigkeiten über die klassische Allokationsfunktion von Sachinvestitionen hinaus; sie beziehen sich ebenso auf Positionen wie Neukundenakquisition, Markenbildung, Personalmanagement etc. Bezüglich des Auf- und Ausbaus von Fähigkeiten selbst steht das Wissen um die dazu erforderlichen Bedingungen und Möglichkeiten im Vordergrund.

Die dritte Art von Fähigkeiten, über die ein Unternehmen verfügen kann, umfaßt Know-How bezüglich der *Umnutzung* vorhandener Ressourcen. Ähnlich wie bei der Rekombination spielen hier Faktoren wie Kreativität und „Verlernen" eine Rolle, aber auch das Wissen um das Maß an Spezifität einer Ressource. So ließe sich das akquisitorische Geschick eines Mitarbeiters im Versicherungsaußendienst sicherlich für den Verkauf verwandter Finanzdienstleistungen nutzen, nicht hingegen für den Vertrieb von Haushaltsgeräten.

Die drei dargestellten Kategorien von Fähigkeiten, *Ressourcen(re)kombination, Auf-/Ausbau und Umnutzung* machen die Erfassung eines vollständigen Fähigkeitenprofils vor dem Hintergrund des RBV möglich. Wie bereits erwähnt, können Fähigkeiten sinnvoll nur mit Bezug auf andere Ressourcen des Unternehmens beschrieben werden; aus diesem Grunde ist es folgerichtig, sie hinsichtlich des *Charakters ihrer Einflußnahme auf andere Ressourcenpositionen* einzuordnen. Mit Blick auf das Problem der Rekursivität ließe sich dabei die Fähigkeit zum Auf-/Ausbau von Ressourcen sicherlich als eine Art von Meta-Fähigkeit[142] besonders hervorheben; es ist allerdings fraglich, was damit hinsichtlich der Operationalität des Fähigkeitenbegriffes gewonnen würde. Deshalb soll hier auf eine Hierarchisierung der dargestellten Kategorien verzichtet und vielmehr betont werden, daß alle Arten von Fähigkeiten prinzipiell dazu geeignet sein können, Grundlage für die Schaffung und Erhaltung von Wettbewerbsvorteilen zu sein.[143]

---

[142] Zur Ableitung eines solchen Konzeptes siehe Klein, J.A.; Hiscocks, P.G.: „Competence-based Competition: A Practical Toolkit", a.a.O., S. 186 ff.

[143] So auch Helleloid, D.; Simonin, B.: „Organizational Learning and a Firm's Core Competence", in: Hamel, G.; Heene, A.: „Competence Based Competition", a.a.O., S. 213-239.

4 Methodik eines strategischen Wissensmanagements

4.1 Überblick

In diesem Kapitel wird nunmehr ein Verfahren vorgestellt, das die für eine zu entwickelnde Strategie relevanten Ressourcen identifiziert und anschließend als Stärken bzw. Schwächen des Unternehmens bewertbar macht. Ziel des Verfahrens ist es nicht, bereits eine endgültige Strategie für das betrachtete Unternehmen zu ermitteln; aus den Erläuterungen des vorherigen Kapitels dürfte hervorgegangen sein, daß eine auf einem solchermaßen eindimensional-analytischen Prozeß beruhende Strategie letztendlich nur schwer, im Extremfall sogar gar nicht in die Praxis umzusetzen wäre. Es geht hier vielmehr darum, diejenigen Elemente innerhalb des vollständig beschriebenen Ressourcenportfolios des Unternehmens zu ermitteln, die bei einer zukünftigen Strategie als Ursprung von dabei anzustrebenden Wettbewerbsvorteilen fungieren können. Dabei gilt es zu berücksichtigen, daß die Bedeutung der Ressourcen sich im Zeitablauf ändern bzw. aktiv verändert werden kann. Aus diesem Grunde müssen über die derzeitigen Besonderheiten des Unternehmens im Sinne von stark bzw. schwach ausgeprägten Ressourcen hinaus auch dynamischen Bedeutungsverschiebungen berücksichtigt werden, um der Zukunftsorientierung des übergeordneten Strategiefindungsprozesses gerecht zu werden. Im letzten Schritt des Verfahrens werden deshalb die Ergebnisse, die aus Ressourcenermittlung und anschließender Bewertung resultieren (siehe Abbildung 8), mit dem Gesamtprozeß verzahnt, um eine Interaktion mit den Trends aus der Umfeldanalyse herzustellen. Ohne eine solche Rückkopplung bestünde die Gefahr, durch einen zu starken Gegenwartsbezug die derzeitigen Stärken des Unternehmens überzubetonen bzw. die sich für die Zukunft abzeichnende Bedeutungsverschiebung einzelner Ressourcen aufgrund von Umweltveränderungen zu übersehen. Denn auch bei der Unternehmensanalyse auf Basis des Resource-based View darf nicht darüber hinweggesehen werden, daß es in letzter Konsequenz das Unternehmensumfeld in Form des zahlenden Kunden ist, welches Wettbewerbsvorteile erst entstehen läßt und damit über die Relevanz von Ressourcen entscheidet.

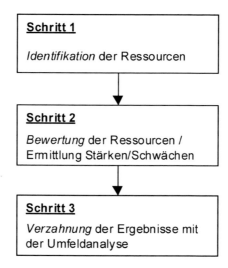

Abbildung 8: Prozeßschritte Analyseverfahren

4.2 Praxisbezug der vorgestellten Methodik

Die hier entwickelte Methodik eines strategischen Wissensmanagements durch Aufdeckung der relevanten Stärken und Schwächen des Unternehmens ist im Rahmen des umfassenden Strategieentwicklungsprozesses eines mittelständischen Dienstleistungsunternehmens in der Praxis eingesetzt worden. Im weiteren Verlauf des Buches schließt sich jeweils an die Beschreibung der einzelnen methodischen Schritte eine Erläuterung der Ergebnisse dieser praktischen Anwendung an, um die Vorgehensweise im einzelnen zu verdeutlichen und die theoretische Argumentation mit praktischen Erfahrungen zu untermauern. Zum Verständnis der entsprechenden Erläuterungen ist es erforderlich, zunächst einen kurzen Überblick über das untersuchte Unternehmen und seine derzeitige strategische Position zu vermitteln. Dies soll im folgenden geschehen.

Bei dem untersuchten Unternehmen handelt es sich um eine eigentümergeführte Unternehmensgruppe, deren einzelne Gesellschaften verschiedene Dienstleistungen für andere gewerbliche Organisationen anbieten. Diese Leistungen werden dabei in vier Geschäftsfeldern erbracht, deren prozentualer Anteil am Gesamtumsatz in Tabelle 2 ersichtlich wird.

In Geschäftsbereichen 1 bis 3 ist das Unternehmen mit seinen insge-

Unternehmen insgesamt (1998):	>1.000 Mitarbeiter >100 Mio. DM Umsatz >5.000 Kunden			
Geschäftsfeld	1	2	3	4
Umsatzanteil	70%	15%	10%	5%
Anmerkung	Ursprungsgeschäft seit Gründung	Starke regionale Ausprägung	Starker Technologiebezug	Akquiriertes Geschäft in Integrationsphase

Tabelle 2: Struktur des untersuchten Unternehmens

samt mehr als 1.000 Mitarbeitern innerhalb des regionalen Schwerpunktes, der in einer deutschen Metropole und deren Umland liegt, jeweils Marktführer. Bei dem Bereich 4 handelt es sich um ein erst zwei Jahre vor Durchführung der Unternehmensanalyse zugekauftes Geschäft, das inhaltliche Bezüge zu den drei anderen Feldern aufweist. Der geringe Umsatzbeitrag erklärt sich durch die Tatsache, daß sich das genannte Geschäft noch immer in der Aufbau- bzw. Integrationsphase befindet. Dementsprechend ist die Anzahl der belieferten Kunden in diesem Bereich auch am kleinsten; von den insgesamt mehr als 5.000 Kunden des Unternehmens nehmen weniger als 100 die Leistungen des Geschäftsbereiches 4 in Anspruch. Insgesamt ist die Kundenstruktur sehr heterogen: sie umfaßt Unternehmen aller Branchen und Größen, wobei einige Hauptkunden bis zu 25% des Umsatzes einzelner Geschäftsbereiche auf sich vereinigen. Der größte Einzelkunde des analysierten Unternehmens trägt ca. 10% zum Gesamtumsatz bei.

In organisatorischer Hinsicht verfügt das Unternehmen über eine regional ausgerichtete Filialstruktur, innerhalb derer neben der Zentrale mit der Geschäftsführung und den Stabsabteilungen die einzelnen Niederlassungen je nach Größe des lokalen Marktes die gesamte Leistungspalette oder einzelne Teile daraus anbieten. Aufgrund der starken Marktposition im direkten Einzugsbereich der Metropole existieren dort Niederlassungen, die ihre gesamten Ressourcen jeweils auf die Erbringung nur einer Leistung konzentrieren und dort Größenvorteile realisieren können. Das Schaubild in Abbildung 9 verdeutlicht schematisch die Angebotsstruktur der vorhandenen Filialnetzes.

Geführt wird jede Niederlassung von einem Niederlassungsleiter, der in voller Ergebnisverantwortung das operative Geschäft vor Ort leitet und

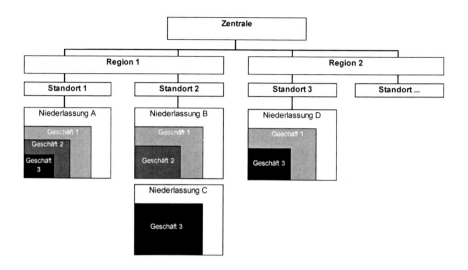

Abbildung 9: Filialorganisation des untersuchten Unternehmens (schematisch)

einem übergeordneten Gebietsleiter direkt unterstellt ist. Die Gebietsleiter wiederum sind in ihrer Gesamtheit als zweite Führungsebene des Unternehmens unmittelbar der Geschäftsführung verantwortlich, welche neben dem Eigentümerunternehmer noch mehrere weitere Personen umfaßt. Aus der Struktur der betriebenen Geschäfte ergibt es sich, daß ca. 90% der Mitarbeiter des Unternehmens in der Leistungserbringung am Standort des jeweiligen Kunden eingesetzt sind. Die verbleibenden 10% umfassen die Führungskräfte in den Filialen und in der Unternehmenszentrale sowie die Spezialisten in den ebenfalls zentral angesiedelten Abteilungen Rechnungswesen/Controlling, Personal, EDV, Recht, Steuern, Marketing und Einkauf.

Trotz eines sehr guten operativen Ergebnisses, das in der Vergangenheit deutlich positiv war und erheblich über dem Branchendurchschnitt lag, hat sich die Unternehmensführung entschlossen, im Zuge eines systematischen und langfristig ausgerichteten Strategieentwicklungsprozesses die zukünftige Ausrichtung der Organisation gezielt zu hinterfragen und gegebenenfalls neu zu bestimmen. Für diese Entscheidung waren mehrere Gründe ausschlaggebend. Zunächst einmal spielte hier der unmittelbar bevorstehende Rückzug des Eigentümers aus der Geschäftsführung eine wichtige Rolle. Es war diesem gelungen, das Unternehmen massiv zu vergrößern und zum regionalen Marktführer zu machen. Die dabei aufgebauten Branchenkenntnisse und Kontakte sind von hoher Bedeutung für das betrachtete Unternehmen, da in der relevanten Branche der Faktor des persönlichen Vertrauens eine noch herausragendere Rolle spielt als allgemein üblich. Aufgrund dieser Besonderheiten in der Branche stellt das Ausscheiden des Eigentümers im Empfinden aller Beteiligten ein Problem dar, dessen Lösung umfassende Überlegungen bezüglich der zukünftigen Gesamtausrichtung erforderlich macht.

Neben der Problematik des anstehenden Führungswechsels waren ebenfalls die Expansionsbestrebungen des Unternehmens Anlaß für die Notwendigkeit strategischer Neuorientierung. Als Marktführer in der angestammten Region stellte sich die Frage, ob das Unternehmen seine Leistungspalette weiter ausweiten und damit im wesentlichen den bestehenden Kundenkreis besser durchdringen oder im Rahmen einer regionalen Expansion neue Kunden für die bereits bestehenden Geschäfte akquirieren sollte. Im Zeitpunkt der Untersuchung wurden beide Strategien parallel verfolgt, beide mit gemischten Ergebnissen: das kleinste, ca. zwei Jahre vor der Untersuchung akquirierte Geschäftsfeld 4 war zwar nach wie vor erfolgreich in der Leistungserbringung für bestehende Kunden, die erhoffte Ausweitung des Geschäfts auf die Kunden der Geschäftsbereiche 1-3 blieb jedoch weitgehend aus. Auch die regionale Expansion war bis zum Zeitpunkt der Untersuchung nur mäßig erfolgreich verlaufen: während einige der kurz vorher akquirierten Niederlassungen in neuen Regionen mit Erfolg geführt wurden, war es nicht gelungen, eigenständig Niederlassungen jenseits der Stammregion von Grund auf neu aufzubauen.

Hinzu kam, daß sich im mittelgroßen Geschäftsbereich 3 aufgrund massiven technologischen Wandels die Wettbewerbsverhältnisse im Umbruch befanden. Führung und Mitarbeiter dieses Bereiches waren sich dieser Entwicklung bewußt und forderten klare Vorgaben der Geschäftsführung für die zukünftige Ausrichtung des Bereiches, die von Schließung/Verkauf des betreffenden Geschäftsfeldes bis hin zu massivem Ausbau durch Übernahme von Wettbewerbern alle Optionen beinhalten konnten.

Neben den genannten Elementen und der aufgrund weiterer struktureller Faktoren befürchteten Erosion der zukünftigen Ertragskraft entschlossen sich Eigentümer und Unternehmensleitung, die panlogos GmbH, Offenbach, mit der Konzeption und aktiven Begleitung eines umfassenden Strategieentwicklungsprozesses zu beauftragen. Im Rahmen dieses Engagements wurde zunächst eine Analyse der von Kunden wahrgenommenen Wettbewerbsvorteile des Unternehmens anhand der weiter oben beschriebenen SENSOR-Methodik von RUGHASE vorgenommen. Um diese an den strategischen Stärken und Schwächen des Unternehmens spiegeln zu können, wurde anschließend eine Unternehmensanalyse auf Basis des Resource-based View, so wie sie im folgenden vorgestellt wird, in ihren einzelnen Schritten durchgeführt. Nach Abschluß dieser Untersuchung wurden die Ergebnisse beider Analysen als Grundlage eines strategischen Diskurses etabliert, in dessen Rahmen über die zukünftige strategische Ausrichtung des Unternehmens entschieden wurde.

Vor dem Hintergrund dieses umfassenden Gesamtprozesses der Strategieentwicklung in der Unternehmenspraxis wird nunmehr in den folgenden Kapiteln des Buches die Methodik des strategischen Wissensmanagements im Sinne einer ressourcenorientierten Unternehmensanalyse vorgestellt. Begonnen wird diese Darstellung mit dem ersten Verfahrensschritt, der Identifikation der Ressourcen des Unternehmens, an die sich dann die Bewertung der einzelnen Elemente und die Rückkoppelung der Ergebnisse anschliessen. Hierbei wird in jedem Teil der Darstellung auf die Fallstudie des mittelständischen Dienstleistungsunternehmens Bezug genommen.

4.3 Schritt 1: Identifikation der wettbewerbsrelevanten Ressourcen

Die Beiträge in der Literatur zum Resource-based View, die sich mit der Strategieentwicklung vor dem Hintergrund dieses Konzeptes auseinandersetzen, bezeichnen generell die Identifikation der Ressourcen des Unternehmens als ersten vorzunehmenden Schritt.[144] Im Sinne einer Standortbestimmung soll dabei versucht werden, das Bild des Unternehmens als ein Bündel von Ressourcen zum Betrachtungszeitpunkt inhaltlich zu konkretisieren. Um dieses zu erreichen, müssen vorab zwei wesentliche Fragen beantwortet werden:

1. *Welche* Ressourcen sind zu ermitteln? und

2. *Wie* sind die Ressourcen zu ermitteln?

---

[144]Vgl. beispielsweise Aaker, D.: „Managing Assets and Skills: the Key to a Sustainable Competitive Advantage", a.a.O., S. 93 und Grant, R.M.: „The Resource-based Theory of Competitive Advantage", a.a.O., S. 115 f.

Während die erste Frage darauf abzielt, den Umfang der Ressourcenerhebung vorab als Orientierungsrahmen festzulegen, bezieht sich die zweite Frage auf die konkreten Aspekte einer praktikablen Vorgehensweise. Im folgenden wird nun dargestellt, wie diese beiden Fragestellungen im hier vorgestellten Verfahren zur Strategieentwicklung berücksichtigt werden.

4.3.1 Der Umfang der Ressourcenerhebung

In diesem Schritt der Strategieentwicklung werden alle Ressourcen in Form von Vermögensgegenständen und Fähigkeiten, über die das Unternehmen verfügt, erfaßt. Nur das Ergebnis einer solch umfassenden Vorgehensweise kann die notwendige Basis für die in einem späteren Prozeßschritt erfolgende Ableitung strategischer Werturteile hinsichtlich einzelner Ressourcen bilden. Aufgrund dieses Sachverhaltes ist es in Umkehrung der in der Literatur geforderten Beschränkung auf strategisch relevante Ressourcen sogar erforderlich, in die Ressourcenermittlung auch Elemente einzubeziehen, die sich derzeit *nicht* im Portfolio des Unternehmens befinden. Diese provozierende These läßt sich belegen, indem man das oben dargestellte Argument der Umweltabhängigkeit von Stärken auf die Schwächen erweitert. Es wurde erläutert, daß strategisch relevante Ressourcen, mithin Stärken, durch Umfeldänderungen entwertet werden können; umgekehrt ist es aber genauso denkbar, daß derzeitige Schwächen durch ähnliche Vorgänge zu Stärken werden.[145] Anders als bei den Stärken ist es allerdings bei den Schwächen nicht zwingend vorauszusetzen, daß sie einen Bezug zum derzeit bestehenden Ressourcenportfolio des Unternehmens aufweisen. Mithin gilt es auch diejenigen Ressourcen zu ermitteln, *die gerade durch ihr Fehlen als eine Schwäche des Unternehmens betrachtet werden müssen*. Theoretisch führt diese Forderung allerdings in eine Sackgasse: wenn die Aufgabe darin besteht, alle Ressourcen zu identifizieren, über die das Unternehmen *verfügt* und *nicht verfügt*, dann handelt es sich um ein offensichtlich sinnloses Unterfangen. Diese Aussage kann allerdings nur dann Gültigkeit beanspruchen, wenn es nicht gelingt, einen Bezugsrahmen für die Einschränkung der zu identifizierenden, unternehmensexternen Ressourcen zu finden. Neben der gewünschten Abgrenzungsfunktion spielt dabei die *Identifikation* der *relevanten* ex-

---

[145] Dieser Gedanke wird ausgeführt bei Ansoff, H.I.: „Strategic Issue Management", in: Strategic Management Journal, Vol. 1, 1980, S. 131-148.

ternen Ressourcen eine entscheidende Rolle. Während das *bestehende Ressourcenportfolio* des Unternehmens verschiedene Ansatzpunkte für eine solche Identifikation bietet, muß ein solcher Ausgangspunkt für die Erfassung der *externen Elemente* auf Basis eines systematischen Konzepts erst entwickelt werden; nur so wird es möglich, alle relevanten Positionen zu erfassen.

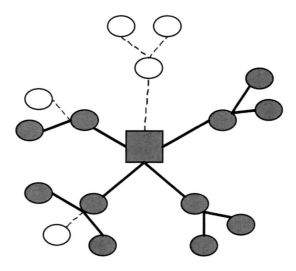

Abbildung 10: Das Unternehmen als Teilmenge relevanter Ressourcen

Glücklicherweise bietet die Literatur zur strategischen Planung einen Ansatz, welcher sich sowohl für die Abgrenzung des Betrachtungshorizonts als auch für die originäre Ermittlung relevanter externer Ressourcen nutzen läßt: das Konzept des „idealisierten Entwurfs" von ACKOFF.[146] Ursprünglich handelt es sich dabei um den Entwurf eines interaktiven Planungsprozesses für Unternehmen mit dem Ziel, den vorherrschenden retrospektiven Fokus durch einen prospektiven zu ersetzen. Um dies zu erreichen, werden die an der Planung beteiligten Mitarbeiter aufgefordert, einen idealisierten Entwurf des Unternehmens zu beschreiben. Dabei wird das betrachtete Unternehmen als hypothetisches Gedankenkonstrukt neu so entworfen, wie es aus Sicht

---

[146] Die Beschreibung dieses Konzepts als Verfahren zur Unternehmensplanung erfolgt in Ackoff, R.L.: „Redesigning the Future", Wiley-Interscience, New York, 1974, insb. S. 30.

Schritt 1: Identifikation der wettbewerbsrelevanten Ressourcen

der Mitarbeiter gestaltet sein sollte, wenn außer grundlegenden technologischen Beschränkungen keinerlei weitere Restriktionen zu beachten wären. Grundlage für einen solchen Entwurf bildet das übergeordnete strategische Ziel des Unternehmens; dies ist erforderlich, damit die oben beschriebene Problematik einer Explosion der betrachteten Möglichkeiten vermieden wird.

Dieses Konzept des idealisierten Entwurfs bietet hinsichtlich der hier angestrebten, vollständigen Identifizierung der für das Unternehmen relevanten Ressourcen mehrere Vorteile. An erster Stelle ist hier die Zukunftsorientierung des Ansatzes zu nennen. Durch den hypothetisch-prospektiven Charakter des idealisierten Entwurfs wird verhindert, die in der Vergangenheit der Unternehmensentwicklung bestehenden Restriktionen stillschweigend auf die Zukunft zu projizieren. Vielmehr wird dem dynamischen Charakter des Resource-based View Rechnung getragen, welcher explizit die Überwindung bestehender Beschränkungen, wie sie sich z.B. aus dem derzeitigen Ressourcenportfolio des Unternehmens ergeben, fordert.[147] Ein zweiter Vorteil des idealisierten Entwurfs hinsichtlich der Ressourcenidentifikation läßt sich bezüglich des Betrachtungsobjektes ausmachen. Während vergangenheitsorientierte Planungsmethoden durch einen starken Unternehmensfokus zu einer Überbetonung des Status quo neigen,[148] erfolgt die Hypothesenbildung bezüglich einer wünschenswerten Unternehmenskonstitution ausschließlich unter der Prämisse der Zielführung. Dadurch wird nicht nur die pfadabhängige Entwicklung des eigenen Unternehmens in der Vergangenheit berücksichtigt, auch die Erfahrungen und Kenntnisse der Mitarbeiter über Wettbewerber, Kundenwünsche und weitere relevante Aspekte in der Umfeldentwicklung fließen in die Ableitung eines idealisierten Entwurfs mit ein.

Allerdings ergibt sich bei der Verwendung des Konzeptes des idealisierten Entwurfs in dem hier vorgestellten Strategieentwicklungsprozeß ein grundlegendes Problem. Wie erläutert, stellt das übergeordnete und mithin strategische Ziel des Unternehmens die Basisannahme für die Ableitung eines idealisierten Entwurfs dar. *Gerade zur Ermittlung dieses Ziels wird jedoch das vorgestellte Verfahren eingesetzt!* Mithin erscheint es als unzulässiger Zirkelschluß, das Ergebnis der Strategieentwicklung als wesentlichen Input für den grundlegenden Schritt eben

---
[147] Vgl. Hamel, G.: „Strategy as Revolution", a.a.O., S. 70 ff.
[148] Vgl. die Beschreibung inaktivistischer und reaktivistischer Planungsansätze bei Ackoff, R.L.: „Redesigning the Future", a.a.O., S. 22 f.

jener Strategieentwicklung zu verwenden. Hierbei gilt es jedoch zu bedenken, daß die hier betrachtete Verfahrensstufe lediglich das Ziel einer vollständigen Identifikation der relevanten Ressourcen verfolgt; welche strategischen Schritte das Unternehmen aufgrund einer derartigen Analyse letztendlich anstrebt, bleibt dem Ergebnis späterer Verfahrensschritte vorbehalten. Dementsprechend ist es zulässig, die *derzeitige* strategische Ausrichtung des Unternehmens, so wie sie sich z.B. in der Zugehörigkeit zu einer bestimmten Branche ausdrückt, als Ausgangspunkt für einen idealisierten Entwurf zu betrachten.

Zusammenfassend läßt sich festhalten, daß zur umfassenden Bestimmung der relevanten Ressourcen sowohl das Unternehmen selbst als auch externe Faktoren in Betracht gezogen werden müssen, da anderenfalls die Gefahr besteht, später als mögliche Schwächen zu identifizierende Positionen außer acht zu lassen. Das Problem der Abgrenzung der einzubeziehenden externen Positionen kann durch einen Rückgriff auf das Konzept des idealisierten Entwurfs gelöst werden. Ausgangspunkt dafür bildet die derzeitige Strategie des Unternehmens; auf ihrer Basis fließen die Kenntnisse und Erfahrungen der Mitarbeiter bezüglich bedeutsamer externer Faktoren in den Prozeß der Ressourcenidentifikation mit ein.

Im folgenden Abschnitt wird nun beschrieben, wie eine vollständige Identifikation strategisch relevanter Ressourcen in der Unternehmenspraxis durchgeführt werden kann.

4.3.2 Die Vorgehensweise zur Ressourcenerhebung – Datenermittlung

Bereits in Kapitel 3.3 „Methodische Überlegungen" ist darauf hingewiesen worden, daß eine Beschreibung der Ressourcen-Position des Unternehmens sinnvoll nur auf den Aussagen von Mitarbeitern beruhen kann. Andere Stakeholder wie Kunden oder Wettbewerber verfügen nicht über die nötigen Einblicke in das zu analysierende Unternehmen; schon die Notwendigkeit der Entwicklung eines Verfahrens zur Ressourcenidentifikation macht deutlich, daß nicht einmal im betrachteten Unternehmen selbst ein unmittelbar abrufbares Wissen in dieser Hinsicht vorausgesetzt werden kann.[149]

Zur Ermittlung der gewünschten Informationen aus einer Innensicht heraus bietet es sich an, in einer Interviewserie einen in funktiona-

---
[149] Vgl. Grant, R.M.: „Contemporary Strategy Analysis", a.a.O., S. 121.

Schritt 1: Identifikation der wettbewerbsrelevanten Ressourcen

ler Hinsicht möglichst heterogenen Mitarbeiterstamm zu befragen.[150] Die Mitarbeiter sollten dabei über hinreichend abstrakte Kenntnisse bezüglich der Funktionsweise des Unternehmens verfügen und darüber hinaus in der Lage sein, eine fundierte Einschätzung der derzeitigen Marktsituation abzugeben. Bei Unternehmen, die in mehreren Geschäftsbereichen tätig sind, empfiehlt es sich dabei, neben Akteuren mit einer Gesamtperspektive (z.B. Geschäftsleitung) auch solche zu befragen, die in den jeweiligen Bereichen tätig sind. Dadurch wird die Einbindung der Bereichsressourcen in den Gesamtunternehmenskontext gewährleistet, ohne jeweils die zentrale oder die dezentrale Perspektive zu stark zu gewichten.[151]

Die Überlegungen zur Auswahl der Interviewteilnehmer wurden bereits in Kapitel 3.3 dargestellt. Deshalb soll hier nur wiederholt werden, daß neben der unerläßlichen Einbindung des Top-Managements insbesondere auch eine breite Partizipation von Personen aus dem mittleren Management sowie von einigen Mitarbeitern des operativen Bereichs wünschenswert ist. Solch eine Konfiguration der Befragten stellt sicher, daß gegebenenfalls ein auf der Ebene der Entscheidungsträger eventuell vorherrschendes Unternehmensbild im Sinne einer „dominant logic"[152] um zusätzliche Perspektiven angereichert wird. Dadurch kann eine allgemein bessere Informationsqualität und letztlich eine bessere Strategie erwartet werden.[153]

Hinsichtlich der *Anzahl* der zu befragenden Personen können keine generalisierenden Aussagen getroffen werden; sie hängt sowohl von der Größe als auch von der Struktur des betrachteten Unternehmens ab. Es sollte lediglich gewährleistet sein, daß alle Funktionsbereiche und Geschäftseinheiten ausreichend vertreten sind in dem Sinne, daß *jeweils mindestens drei Vertreter* zu Rate gezogen werden.

Als Form der zu führenden Interviews wird das *problemzentrierte In-*

---

[150] Zu diesem Punkt siehe auch Hamel, G.: „Strategy Innovation and the Quest for Value", a.a.O., S. 7-14.

[151] Vgl. Prahalad, C.K.; Hamel, G.: „The Core Competence of the Corporation", a.a.O., S. 81 ff.

[152] Dieses Konzept geht ursprünglich auf einen grundlegenden Forschungsbeitrag zur Diversifikation von Unternehmen von PRAHALAD/BETTIS zurück; siehe Prahalad, C.K.; Bettis, R.A.: „The Dominant Logic: a New Linkage between Diversity and Performance", in: Strategic Management Journal, Vol. 7, 1986, S. 485-501.

[153] G. HAMEL geht soweit, dem Top-Management vieler Unternehmen aufgrund einer dort vorherrschenden kognitiven Abschottung gegenüber anderen Hierarchieebenen „intellektuellen Inzest" vorzuwerfen; siehe Hamel, G.: „Strategy as Revolution", a.a.O., S. 76.

tensivinterview gewählt.[154] Dieses zeichnet sich durch eine offene Gesprächsführung zwischen Interviewer und Interviewtem aus: zwar kann der Interviewer auf die in einem Leitfaden zusammengefaßten Fragestellungen zurückgreifen, jedoch gelten diese nur als Ausgangspunkt für eine erweiterte, interaktive Problemdiskussion. Im Kontext des hier entwickelten Verfahrens dienen die Interviews dazu, Informationen über die für das Unternehmen relevanten Ressourcen zu sammeln. Somit verfügt der Interviewer über ein theoretisches Konzept, auf dessen Basis er das Interview durchführt; im Verlauf des Interviews gilt es, die Aussagen des Interviewten so zu hinterfragen, daß die Antworten eine ausreichende *inhaltliche Validität* bezüglich der interessierenden Fragestellung aufweisen.[155] Im konkreten Fall bedeutet das, die jeweiligen Angaben der Mitarbeiter bezüglich relevanter Ressourcen analytisch so aufzugliedern, daß eine Einteilung in die verschiedenen Kategorien von Vermögensgegenständen und Fähigkeiten erfolgen kann. Den Anforderungen einer objektiven Datenerhebung entsprechend darf dabei keinesfalls eine Manipulation der Inhalte erfolgen; vielmehr besteht die Herausforderung darin, zusammen mit dem Interviewten unter Anwendung eines neutralen Interviewstils[156] dessen Angaben auf ihre Ressourcenorientiertheit hin zu überprüfen und sie gegebenenfalls in diese Richtung weiter zu analysieren.

Neben den genannten Aspekten, die sich auf die Validität der Interviewergebnisse beziehen, muß an dieser Stelle der zweite in der Literatur zur Theorie des Interviews erhobene Anspruch der *Reliabilität* der ermittelten Ergebnisse thematisiert werden. Es wird dabei gefordert, die Zuverlässigkeit der ermittelten Informationen anhand ihrer Reproduzierbarkeit zu überprüfen. Dazu muß angemerkt werden, daß bei der hier angestrebten Identifikation von wettbewerbsrelevanten Ressourcen die Interviews ausschließlich der *zielgerichteten Informationsgewinnung* dienen. Dabei gilt es zu berücksichtigen, daß jeder Interviewpartner über einen unterschiedlichen Wissenshorizont und eine subjektive Wahrnehmung des Unternehmens verfügt.[157] Dementsprechend ist es an dieser Stelle nicht möglich, „richtige" Informationen von „falschen"

---

[154] Eine Beschreibung der verschiedenen Interviewformen findet sich bei Friedrichs, J.: „Methoden empirischer Sozialforschung", Rowohlt-Verlag, Reinbek bei Hamburg, 1973, S. 207 ff.

[155] Zu den Begriffen „Validität" und „Reliabilität" siehe Reinecke, J.: „Interviewer- und Befragtenverhalten", Westdeutscher Verlag, Opladen, 1991, S. 17 ff.

[156] Vgl. Reinecke, J.: „Interviewer- und Befragtenverhalten", a.a.O., S. 15.

[157] Vgl. Eden, C.; Ackermann, F.: „Making Strategy", a.a.O., S. 58.

anhand des Übereinstimmungsgrades in verschiedenen Nennungen zu trennen. Vielmehr sollen in diesem Verfahrensschritt so viele Informationen wie möglich gesammelt werden; in den folgenden Schritten wird dann *implizit* die Zuverlässigkeit der bei der Ressourcenidentifikation ermittelten Daten geprüft.

Ausgangspunkt der *Interviewführung* bilden verschiedene Fragestellungen, die im Interviewleitfaden[158] zusammengefaßt werden. Diese Fragen sollten dabei so ausgestaltet sein, daß nicht nur die direkte Entwicklung eines idealisierten Entwurfs angefordert wird. Zwar darf dieser Punkt nicht vernachlässigt werden; es erscheint jedoch zur Erreichung einer größeren Detailtiefe sinnvoll, durch zusätzliche direkte und indirekte Fragen gezielt auf ausgewählte Gruppen von Ressourcen einzugehen. Da die angestrebte Perspektive der Betrachtung des Unternehmens als Ressourcenbündel eine ungewöhnliche ist, können detaillierte Fragen ein gewisses Maß an Hilfestellung bezüglich der Art der gewünschten Informationen liefern.

Aufgrund der spezifischen Zielsetzung der Interviewreihe ist davon auszugehen, daß insgesamt sehr viele Informationen generiert werden. Deren Auswertung muß sicherstellen, daß einerseits Redundanzen vermieden, andererseits aber alle genannten Punkte im Ergebnis erfaßt werden. Da die ermittelten Ressourcen den Ausgangspunkt für die weiteren Schritte im Strategieentwicklungsprozeß bilden, ist darüber hinaus eine übersichtliche und leicht zugängliche Form der Ergebnisdarstellung wünschenswert.

Um diesen Ansprüchen gerecht zu werden, wird eine spezielle Methodik zur Datenauswertung und -aufbereitung verwendet, die nun im folgenden kurz vorgestellt wird: das Mind-mapping.

4.3.3 Die Vorgehensweise zur Ressourcenerhebung – Datenauswertung

„Mind-Mapping ist ein Denkmuster, mit dessen Hilfe ein abgeschlossener Themenkreis klarer definiert, Inhaltliches übersichtlich zu Papier gebracht werden kann. Der große Vorteil ist, auch umfangreiche Informationen visuell übersichtlich strukturieren und Zusammenhänge festhalten zu

---

[158] Zum Begriff des Leitfadens siehe Hugl, U.: „Qualitative Inhaltsanalyse und Mind-mapping", a.a.O., S. 60.

können."[159]

Um ein Mind-Map zu erstellen, müssen zunächst die wesentlichen Gedanken des darzustellenden Gegenstandes erfaßt werden. Dazu bedient man sich sogenannter „Schlüsselwörter".[160] Hierbei handelt es sich um einen oder mehrere Begriffe, die den zu erfassenden Gedanken so verkörpern, daß er durch eine eindeutige Assoziation erinnert werden kann. Dementsprechend sollten Schlüsselbegriffe nicht zweideutig oder abstrakt sein, sondern vielmehr mit konkretem Inhalt gefüllt. Indem die Aufzeichnungen auf solcherart bestimmte Schlüsselwörter beschränkt werden, können bis zu 90% der in traditionellen Arbeitsweisen erforderlichen Begriffe eingespart werden.[161] Dadurch erhöht sich sowohl die Erfaßbarkeit des dargestellten Themas für Dritte als auch dessen Einprägsamkeit.

Dargestellt werden die ausgewählten Schlüsselbegriffe beim Mind-Mapping in einer organischen Form:[162] ausgehend vom Grundgedanken bzw. Thema der Karte werden zunächst Hauptverzweigungen eingezeichnet, auf denen die Hauptgedanken anhand der zugeordneten Schlüsselbegriffe notiert werden. Jeder dieser Hauptäste wird dann weiter untergliedert, um speziellere Aspekte anzuknüpfen. Eine solche Untergliederung wird so lange weitergeführt, bis alle gedanklichen Ebenen des zu erfassenden Hauptthemas erschöpfend dargestellt sind. Anschließend können noch Querverbindungen sowie eine Numerierung eingefügt werden. Eine derart konzipierte Mind-Map kann beispielsweise der Abbildung 11 entnommen werden.

Zur Datenauswertung und -aufbereitung hinsichtlich der in den Interviews ermittelten Ressourcen bietet sich das Mind-Mapping aus mehreren Gründen an. Zunächst lassen sich die Ergebnisse prägnant und übersichtlich darstellen; dies ist insbesondere deshalb wichtig, weil die folgenden Prozeßschritte auf der vollständigen Identifizierung der relevanten Ressourcen basieren. Darüber hinaus können Zusammenhänge zwischen verschiedenen Ressourcen deutlich gemacht werden, und es wird eine systematische Gliederung der in den Interviews erhobenen Rohdaten möglich. Ein weiterer Vorteil kann in der Effizienz des Mind-

---

[159]Hugl, U.: „Qualitative Inhaltsanalyse und Mind-mapping", a.a.O., S. 60.
[160]Zur Herleitung des Konzepts der Schlüsselwörter siehe Buzan, T.: „Kopf Training", Wilhelm Goldmann Verlag, München, 1984, Kap. 5.
[161]Vgl. Hugl, U.: „Qualitative Inhaltsanalyse und Mind-mapping", a.a.O., S. 191.
[162]Eine ausführliche Anleitung zur Erstellung von Mind-Maps findet sich bei Kirckhoff, M.: „Mind Mapping", a.a.O., Kap. 1.

Schritt 1: Identifikation der wettbewerbsrelevanten Ressourcen 85

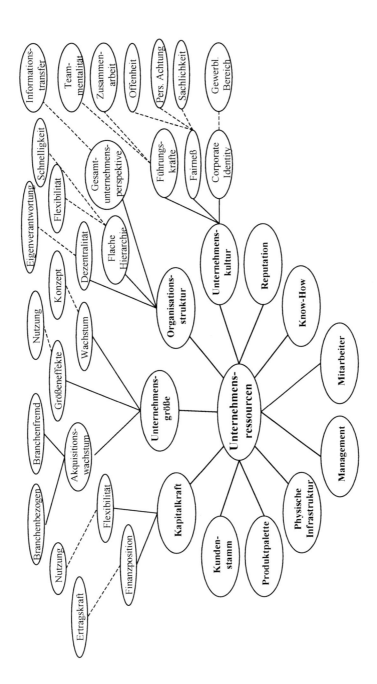

Abbildung 11: Beispiel einer Mind-Map (Auszug)

Mapping gesehen werden, die sich in einem deutlich reduzierten Zeitaufwand im Vergleich zu klassischen Methoden der Interviewauswertung widerspiegelt.

Bei der Anwendung der Mind-Mapping-Methode zur Auswertung der Interviews wird pro Interview mindestens ein Mind-Map erstellt. Falls der Befragte über Sachkompetenz bezüglich *verschiedener* Unternehmensbereiche verfügt, ist es erforderlich, seine Aussagen so aufzubereiten, daß die jeweiligen bereichsbezogenen Angaben denjenigen anderer Befragter mit homogenem Wissenshintergrund vergleichbar sind. Dieses Erfordernis führt dazu, daß für einige Interviews mehr als ein Mind-Map anzufertigen ist, um alle erhaltenen Information inhaltlich korrekt darzustellen.

Nachdem alle in den Einzelinterviews erhaltenen Angaben bezüglich der Ressourcen des Unternehmens in Form übersichtlicher Mind-Maps vorliegen, gilt es, diese zu einer Übersichtskarte je Bereich zu integrieren. Bei diesem Vorgang muß darauf geachtet werden, auch Ressourcen, die von nur einem Interviewteilnehmer bezeichnet worden sind, in die Erstellung des Gesamtbildes mit einzubeziehen. Andernfalls würde bereits an dieser Stelle des Prozesses eine Wertung stattfinden, die erst für den nächsten Prozeßschritt vorgesehen ist.

Nach Abschluß aller mit diesem Verfahrensschritt in Verbindung stehenden Tätigkeiten der Datenerhebung, -auswertung und -aufbereitung sind die für das betrachtete Unternehmen relevanten Ressourcen bekannt. Nunmehr ist es erforderlich, diese Gesamtheit der Ressourcen einer Bewertung zu unterziehen, um feststellen zu können, wie sich das Ressourcenportfolio des Unternehmens bezüglich strategischer Stärken und Schwächen darstellt. Wie eine solche Bewertung erfolgen kann, wird im Anschluß an die nun folgenden Schilderungen zur Fallstudie erläutert.

4.4 Fallstudie – Die Identifikation vorhandener Ressourcen

4.4.1 Festlegung des Teilnehmerkreises

Wie in den methodischen Überlegungen zur Entwicklung der ressourcenorientierten Unternehmensanalyse bereits erläutert, ist am Anfang der einzubeziehende Teilnehmerkreis zu bestimmen. Dabei gilt es zunächst, bereits vor Durchführung der ersten Interviews mit dem Ziel der Ressourcenidentifikation eine Personengruppe zu benennen, die als rele-

Fallstudie – Die Identifikation vorhandener Ressourcen

vanter Teilnehmerkreis für den gesamten Strategieentwicklungsprozeß fungiert. Im analysierten Dienstleistungsunternehmen wurde die mehrere Personen umfassende Geschäftsführung vollständig benannt. Daneben erschien es sinnvoll und aufgrund des kleinen Personenkreises auch möglich, die zweite Führungsebene des Unternehmens in Form der Gebietsleiter und der Abteilungsleiter der Stabsabteilungen ebenfalls vollständig in den Prozeß zu integrieren. Darüber hinaus wurde großer Wert auf eine starke Beteiligung des mittleren Managements gelegt: es wurde eine Anzahl von Niederlassungsleitern ausgemacht, die sowohl über hinreichende Sachkenntnis als auch über die entsprechende Motivation zur Teilnahme am Strategieprozeß des Unternehmens verfügten. Die Identifikation dieser Niederlassungsleiter erfolgte dabei durch einen internen Abstimmungsprozeß, an dem neben Mitgliedern der Geschäftsführung auch die Gebietsleiter und die betroffenen Niederlassungsleiter selbst beteiligt waren.

Über die bisher genannten Personengruppen hinaus wurden auch die Ebenen der operativen Führungskräfte sowie die eine Sonderrolle einnehmende Vertriebsfunktion für Großkunden durch die Einbindung entsprechender Teilnehmer berücksichtigt.

Insgesamt wurden zu Beginn der ressourcenorientierten Unternehmensanalyse 22 Personen als für die Strategieentwicklung relevante Gruppe ausgewählt, wobei neben der Berücksichtigung verschiedener Hierarchieebenen auch eine ausgewogene Beteiligung aller Geschäftsbereiche des Unternehmens erreicht werden konnte. Im Schaubild in Abbildung 12 wird diese Personengruppe dargestellt.

Anzumerken bleibt, daß diese zu Beginn des Verfahrens festgelegte Personengruppe in ihrer Zusammensetzung nicht über alle Stufen der Analyse hinweg vollständig konstant gehalten werden konnte. Zum einen waren die Beteiligten des operativen Bereichs aus Kosten-Nutzen-Erwägungen nur an der Interviewserie und der Fragebogenaktion beteiligt, zum anderen verließ ein Mitarbeiter unmittelbar nach Abschluß der Interviewserie das Unternehmen, so daß er für eine Teilnahme an den anschließenden Verfahrensschritten bereits nicht mehr zur Verfügung stand. Trotz dieser geringfügigen Verschiebungen im Kreis der Teilnehmer blieb jedoch eine ausreichende Kontinuität hinsichtlich der Beteiligung relevanter Mitarbeiter gewährleistet, so daß der Prozeß der Strategieentwicklung hierdurch nicht beeinträchtigt wurde.

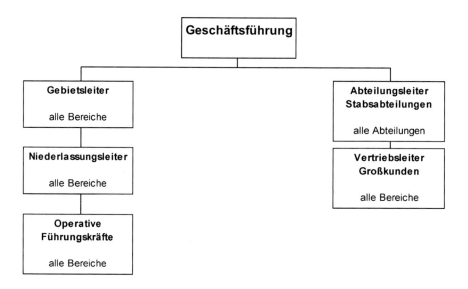

Abbildung 12: Am Strategieprozeß beteiligte Personen im analysierten Unternehmen

4.4.2 Fallstudie – Interviewserie

Die Teilnehmer des Strategieprozesses im untersuchten Unternehmen wurden in 22 Einzelinterviews, die in den Räumen der Unternehmenszentrale stattfanden, von einem Interviewer zu der für das Unternehmen relevanten Ressourcenbasis befragt. Die Interviewserie erstreckte sich über einen Zeitraum von ca. zwei Wochen; dabei wurden bis zu vier Interviews pro Tag geführt. Ein einzelnes Gespräch dauerte zwischen 60 und 90 Minuten und wurde mit einem Diktiergerät aufgezeichnet. Ergänzt wurden diese Mitschnitte durch Mind-Maps, die der Interviewer als Notiz während des Gespräches unter Erfassung wesentlicher Inhalte anfertigte.

Zu Beginn jedes einzelnen Interviews stellte sich der Interviewer dem Befragten persönlich vor, nahm Bezug auf den übergeordneten Strategieprozeß des Unternehmens und erläuterte überblicksartig die Stellung der durchzuführenden Unternehmensanalyse in diesem Kontext. Daran anschließend wurden anhand einer kurzen Beschreibung die einzelnen Schritte des zur Anwendung kommenden Verfahrens erläutert und es wurde dem Befragten versichert, daß die Auswertung der Interviewergebnisse in anonymer Form erfolgen würde. Nachdem auf seiten des

Fallstudie – Die Identifikation vorhandener Ressourcen 89

Interviewten keine Fragen bezüglich der angewendeten Methodik mehr offen waren, begann das eigentliche Interview mit der Aufforderung, die eigene derzeitige Stellung im Unternehmen und den persönlichen Werdegang innerhalb der Organisation zu beschreiben.

Nach Abschluß dieses einleitenden Teils wurde das Interview auf die eigentliche, inhaltliche Dimension der Ressourcenidentifikation gelenkt, indem die im Interviewleitfaden festgehaltenen Fragen in der dort vorgesehenen Reihenfolge an den Teilnehmer gerichtet wurden. Im einzelnen handelte es sich dabei um die folgenden Fragestellungen:

Interviewleitfaden zur Ressourcenidentifikation

1. Welche Gegenstände und Fähigkeiten sind Voraussetzung für die Entstehung der *bestehenden Wettbewerbsvorteile* des Unternehmens?

2. Was *kann* das Unternehmen, was andere nicht können? Warum ahmen andere Organisationen das Unternehmen in diesen Fähigkeiten nicht nach?

3. Was *hat* das Unternehmen, was andere nicht haben? Warum ahmen andere Organisationen das Unternehmen in diesen Eigenschaften nicht nach?

4. Was ermöglicht es Konkurrenten, gegen die Angebote des Unternehmens zu bestehen? Was könnte/sollte das Unternehmen davon übernehmen?

5. Welches sind die Gegenstände und Fähigkeiten, die *alle* Anbieter der Branche grundlegend benötigen?

6. Was wird in der Zukunft Ihrer Meinung nach über den Wettbewerbserfolg in der Branche entscheiden? Wie ist das Unternehmen dafür gerüstet?

> 7. Szenario 1: Sie sind Mitarbeiter einer großen Kapitalgesellschaft. Ein Vorstandsmitglied kommt zu Ihnen und fordert Sie auf, ein Dienstleistungsunternehmen vergleichbar dem untersuchten Unternehmen aufzubauen. Geld spielt keine Rolle, allerdings soll das Unternehmen erfolgreicher sein als alle Wettbewerber; dies ist nach Ansicht des Vorstandsmitglieds möglich, weil man ja die Fehler, die die Wettbewerber in der Vergangenheit begangen haben, vermeiden kann.
>
>   Welche Bestandteile benötigen Sie zum Aufbau des Unternehmens?
>
> 8. Szenario 2: Die Geschäftsführung des Unternehmens denkt darüber nach, alle wesentlichen Inputfaktoren zu verdoppeln. Bei doppelt soviel Mitarbeitern, doppelt soviel Kapital und doppelt sovielen Niederlassungen müßte ja eigentlich auch der doppelte Umsatz und der zweifache Gewinn erwirtschaftet werden.
>
>   Realistisch oder unrealistisch? Warum?
>
> 9. Szenario 3: Es wird entschieden, das Unternehmen zu verkaufen. Dabei stellt sich die Frage, ob es lohnender ist, das Unternehmen in seine Einzelteile zu zerlegen und zu verkaufen oder den Betrieb aufrechtzuerhalten und alles als eine funktionierende Einheit an den Mann zu bringen.
>
>   Welcher Ansatz ist Ihrer Meinung nach aus Verkäufersicht gewinnbringender? Warum?
>
>   (je nach Antwort: Was ginge bei einer Zerschlagung verloren?)

Um zu ermitteln, inwieweit diese Fragestellungen zum Ziel einer vollständigen Identifikation der für das Unternehmen bedeutsamen Ressourcen führen würden, wurde zunächst ein Pretest in Form von zwei Interviews mit ausgewählten Teilnehmern des Strategieprozesses durchgeführt. Dabei stellte sich heraus, daß die überwiegend aus der Theorie abgeleiteten Fragen durchweg die Ermittlung zielführender Informationen erlaubten. Die neunte Frage mit dem Szenario eines Unternehmensverkaufs mußte allerdings aus dem Leitfaden weitgehend gestrichen werden, da dieses Thema anscheinend auf latente Befürchtungen der Mitarbeiter traf; um keine derartigen Spekulationen im Kreise der interviewten Personen zu schüren, wurde die entsprechende Frage anschließend nur den Mitgliedern der Geschäftsführung gestellt. Diese waren sich des hypothetischen Charakters der Fragestellung bewußt und antworteten dementsprechend unbefangen.

Bezugspunkt der Fragen war der jeweilige Geschäftsbereich des Unternehmens, dem der Interviewte zugehörig war. Bei Mitarbeitern, die z.B. als Niederlassungsleiter bereichsübergreifende Erfahrungen besaßen, wurden die Fragen unter expliziter Nennung des jeweils angesprochenen Bereichs gestellt.

Eine Besonderheit trat auf bei den Abteilungsleitern der Stabsabteilungen: da diese der Natur ihrer Aufgaben entsprechend über nur geringe und zum Teil indirekte Kenntnisse der Wettbewerbssituation in der Branche verfügten, war es zum einen erforderlich, einige Fragen des Interviewleitfadens auszusparen, zum anderen wurde als Bezugspunkt des Gesprächs häufig die jeweils betroffene Stabsabteilung betrachtet. So wurde beispielsweise mit dem Leiter Rechnungswesen/Controlling die betriebswirtschaftliche Perspektive des Unternehmens betrachtet, während mit der Leiterin der Personalabteilung die Modalitäten der Führungskräfteauswahl und -entwicklung analysiert wurden.

4.4.3 Fallstudie – Auswertung der Interviewergebnisse

Die Auswertung der Interviews erfolgte anhand der Erstellung von Mind-Maps. Dabei wurden auf Basis der während des Gesprächs angefertigten Unterlagen unter Hinzunahme der Tonbandaufzeichnungen je eine Karte für die Ebene des Gesamtunternehmens sowie eine für jeden Geschäftsbereich angefertigt, der Gegenstand des Interviews war. Auf diese Weise entstanden insgesamt 31 Mind-Maps für die fünf Bereiche (Gesamtunternehmen und vier Geschäftsfelder). Bedingt durch die Zusammensetzung des Teilnehmerkreises der Interviewserie wurden dabei für keinen der angesprochenen Bereiche weniger als drei Karten angefertigt.

Um die in den Mind-Maps enthaltenen Ergebnisse für den weiteren Verlauf des Verfahrens nutzbar zu machen, wurde je Bereich eine konsolidierte Fassung angefertigt, die alle angesprochenen Ressourcen der Einzelmaps beinhaltete. Diese Vorgehensweise war möglich, weil viele Ressourcen in einer Anzahl von Auswertungen mehrfach genannt wurden; ein solches Resultat konnte nicht überraschen, zumal es sich bei den zu beschreibenden Phänomenen ausschließlich um die konstituierenden Elemente ein und desselben Unternehmens handelte. Auch bei grundsätzlich verschiedener Wahrnehmung auf seiten der befragten Mitarbeiter konnte nicht ernsthaft erwartet werden, durch jedes Interview eine vollständig neue Beschreibung des Ressourcenportfolios zu erhalten. Das Schaubild in Abbildung 13 stellt einen Ausschnitt aus dem Mind-Map mit der Beschreibung des Ressourcenportfolios auf Ebene der Gesamtunternehmung dar.

Insgesamt ließen sich elf Ressourcenfelder identifizieren, die für die Wettbewerbsposition des Gesamtunternehmens von Bedeutung sind. Wie das Schaubild anhand von drei Feldern exemplarisch zeigt, können jeweils mehrere konkrete Ressourcen in ihnen gebündelt dargestellt werden.

Ergänzend zu den Mind-Maps wurden die Ressourcen noch einmal in Listenform erfaßt. Dadurch wurde es möglich, die in den Karten enthaltenen Elemente durch eine ausführlichere, inhaltliche Beschreibung direkt im folgenden Schritt des Verfahrens zu verwenden. Tabelle 3 beschreibt die in Abbildung 13 enthaltenen Ressourcen.

Wie anhand des dargestellten Ausschnitts aus der Gesamtliste deutlich wird, ermöglicht diese Form der Aufbereitung der Interviewergebnisse die Wiedergabe ausführlicher Informationen bezüglich der ermittelten Ressourcen. Neben einer detaillierteren Beschreibung wird es vor allem möglich, die einzelnen Elemente in die verschiedenen Kategorien einzuordnen. Obwohl diese Unterscheidung nicht immer völlig trennscharf vorgenommen werden kann, ergibt sich doch insgesamt ein guter Eindruck von der Art der im Unternehmen maßgeblich relevanten Ressourcen.

Insgesamt ergab die Auswertung der Interviews 73 einzelne Ressourcen des Unternehmens, die Einfluß auf die Wettbewerbsposition haben, wovon 34 Elemente auf die Gesamtunternehmensebene bezogen sind, während sich der Rest relativ gleichmäßig auf die vier verschiedenen Geschäftsbereiche verteilt.

Bei Betrachtung der Ressourcen in den verschiedenen Bereichen fiel auf, daß physische Vermögensgegenstände nur eine marginale Rolle im Portfolio des Unternehmens spielten. Diese Besonderheit ist darauf zurückzuführen, daß die erbrachten Dienstleistungen zu einem großen Teil sehr personalintensiv sind; die Verwendung physischer Vermögensge-

Fallstudie – Die Identifikation vorhandener Ressourcen 93

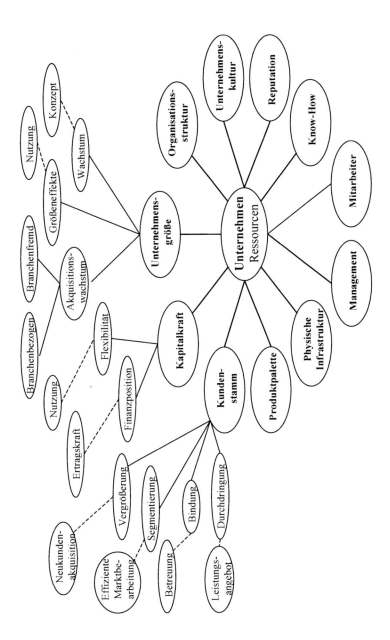

Abbildung 13: Überblicksartiger Ausschnitt aus dem Gesamtressourcenpotfolio des untersuchten Unternehmens

Nr.	Ressourcenbeschreibung	Art*	Oberbegriff
1	Ausschöpfung des vorhandenen Kundenpotentials hinsichtlich der vom Unternehmen angebotenen Leistungen	F-U	Kundenstamm
2	Bindung der bestehenden Kunden an das Unternehmen durch eine den Kundenwünschen entsprechende Betreuung	F-K	Kundenstamm
3	Effiziente Marktbearbeitung durch sinnvolle Unterteilung in Kundengruppen (Marktsegmentierung)	iV	Kundenstamm
4	Gewinnung neuer Kunden für das Unternehmen	F-A	Kundenstamm
5	Gute Kapitalausstattung, Liquidität und Ertragskraft des Unternehmens	iV	Kapitalkraft
6	Nutzung der Flexibilität des Unternehmens, die sich aus der unabhängigen Eigentümerstruktur ergibt	F-U	Kapitalkraft
7	Fähigkeit zur Integration übernommener Unternehmen der eigenen Branche	F-A	Unternehmensgröße
8	Fähigkeit zur Integration übernommener Unternehmen, die nicht aus der eigenen Branche stammen	F-A	Unternehmensgröße
9	Nutzung der Größe des Unternehmens zur Erzielung wirtschaftlicher Vorteile (Einkaufskonditionen, Gemeinkostenanteil etc.)	F-K	Unternehmensgröße
10	Konzept zur zielorientierten Steuerung des Unternehmenswachstums (Flächenwachstum / Wachstum Angebotspalette)	iV	Unternehmensgröße

* mV=materieller Vermögensgegenstand; iV=immaterieller Vermögensgegenstand; F-K=Fähigkeit zur (Re-) Kombination von Res.; F-A=Fähigkeit zum Auf-/Ausbau von Res.; F-U=Fähigkeit zur Umnutzung von Ressourcen

Tabelle 3: Ausschnitt aus dem Gesamtressourcenportfolio des untersuchten Unternehmens

genstände spielt bei der Art der erzeugten Leistungen nur eine sehr untergeordnete Rolle. Hinzu kommt, daß die wenigen zur Anwendung kommenden, tangiblen Vermögensgegenstände nahezu ausschließlich den Charakter von Commodities aufweisen. Dies führte zu einer Berücksichtigung der entsprechenden Ressourcen in nur sehr hoch aggregierter Form.

Wie bereits in der theoretischen Fundierung der Ressourcenermittlung erläutert, besteht das Ziel dieses Arbeitsschrittes nicht nur in der vollständigen Beschreibung der im Unternehmen befindlichen Ressourcen, sondern auch in der Aufdeckung der für den derzeitigen und zukünftigen Wettbewerbserfolg in der betrachteten Branche relevanten Elemente. Aus diesem Grunde handelt es sich bei den im Falle des betrachteten Dienstleistungsunternehmens ermittelten Ressourcen nicht ausschließlich um bereits vorhandene Vermögensgegenstände und Fähigkeiten, sondern durchaus auch um Positionen, die im Falle einer hohen strategischen Bedeutung erst noch aufgebaut werden müßten. Um aufzudecken, um welche Elemente es sich dabei im einzelnen handelt und um darüber hinaus zu ermitteln, welche Ressourcen überhaupt die Wettbewerbsposition des Unternehmens beeinflussen, ist die Bewertung des nunmehr beschriebenen Ressourcenportfolios in mehreren Dimensionen erforderlich. Die entsprechende Vorgehensweise zur Erreichung dieses Ziels wird im folgenden Teil beschrieben. Dabei wird in Kapitel 4.5 zunächst das theoretische Fundament gelegt und in Kapitel 4.6 wieder anhand unseres Praxisbeispiels erläutert.

Vor dem Abschluß der Erläuterungen zur Ressourcenerhebung soll an dieser Stelle noch ein wichtiger Aspekt bezüglich der angewandten Interviewmethode angemerkt werden. Da es sich um offene Interviews handelt, in denen die für die Strategiearbeit kompetenten und sachlich prinzipiell auch interessierten Mitarbeiter zur Situation des Unternehmens befragt werden, ist zu erwarten, daß über den eigentlichen Zweck des Interviews hinausgehende Informationen ermittelt werden. Insofern es sich dabei um für die zukünftige Strategie möglicherweise relevante Angaben, z.B. neue Geschäftsideen oder beobachtete Änderungen im relevanten Wettbewerbsumfeld, handelt, sollten diese aufgezeichnet und als Zusatzinput im letzten Schritt des hier vorgestellten Verfahrens in die Strategiearbeit eingebracht werden. Durch die Anonymität des Interviews werden dabei unter Umständen zusätzliche Ansatzpunkte für eine zukünftige Strategie deutlich, die in dieser Form nicht in einem öffentlichen Prozeß zu Tage getreten wären.

4.5 Schritt 2: Bewertung der Ressourcen

Nach der Identifikation der relevanten Ressourcen ist es nun erforderlich, die bisher neutral beschriebenen Elemente bezüglich ihres strategischen Charakters als Stärke oder Schwäche zu bewerten. Dabei ist ein erneuter Bezug zur Theorie hilfreich: in einer Vielzahl von Beiträgen zum Resource-based View werden Kriterien genannt, die zur Bewertung der strategischen Relevanz herangezogen werden können. Einige davon sind bereits in Kapitel 2.3.3. „Strategisch relevante Ressourcen" beschrieben worden; Tabelle 4 stellt darüber hinaus in Form einer Übersicht die von einigen Vertretern des RBV definierten Elemente exemplarisch gegenüber.

Bei der Betrachtung der dargestellten Kriterien wird deutlich, daß einige Elemente sich ständig wiederholen bzw. als Unterpunkte sich wiederholenden Elementen zugeordnet werden können. Bevor nun diese dominanten Punkte zu einem detaillierten und umfassenden Bewertungsschema zusammengefügt werden, muß zunächst die in der Literatur immer wieder unklar behandelte Abgrenzung einzelner Ressourcen thematisiert werden. Insbesondere im Rahmen des Kernkompetenz-Ansatzes wird häufig die Vernetzung von Ressourcen als eigentliche Kompetenz angeführt.[168] Dabei wird davon ausgegangen, daß es *nicht einzelne Ressourcen* sind, die durch ihre spezifischen Charakteristika die Entstehung nachhaltiger Wettbewerbsvorteile ermöglichen, sondern daß nur durch *das Zusammenwirken verschiedener Ressourcen* eine langfristig erfolgversprechende Differenzierung des Unternehmens möglich ist. Einzelne Ressourcen bilden also gleichsam die Bausteine übergeordneter Kompetenzen, die neben der Bezeichnung „Kernkompetenzen" von ande-

---

[163] Barney, J.B.: „Firm Resources and Sustained Competitive Advantage", in: Journal of Management, Vol. 17, March 1991, S. 99-120.

[164] Peteraf, M.A.: „The Cornerstone of Competitive Advantage: A Resource-based View", a.a.O., S. 182 ff.

[165] Dierickx, I.; Cool, K.: „Asset Stock Accumulation and Sustainability of Competitive Advantage", a.a.O., S. 1507.

[166] Amit, R.; Schoemaker, P.J.H.: „Strategic Assets and Organizational Rent", a.a.O., S. 38 f.

[167] Prahalad, C.K.; Hamel, G.: „The Core Competence of the Corporation", a.a.O., S. 83 f.

[168] Vgl. beispielsweise Hamel, G.: „The Concept of Core Competence", a.a.O., S. 11-33 und Leonard-Barton, D.: „Core Capabilities and Core Rigidities", a.a.O., S. 112 ff.

Autor	Eigenschaften strategisch relevanter Ressourcen
BARNEY[163]	• wertvoll hinsichtlich zukünftiger Effizienz-/ Effektivitätssteigerung • selten • schwer imitierbar • nicht substituierbar
PETERAF[164]	• unterschiedliche Anfangsausstattung • imperfekte Ressourcenmobilität / beschränkte Handelbarkeit • nachhaltiger Nachfrageüberschuß bezüglich Ressource
DIERICKX/ COOL[165]	• nicht handelbar • nicht imitierbar • nicht substituierbar
AMIT/ SCHOEMAKER[166]	• beschränkte Handelbarkeit • schwer imitierbar • schwer substituierbar • Nutzensteigerung durch Komplementarität • firmenspezifisch
PRAHALAD/ HAMEL[167]	• Kundennutzen • Replizierbarkeit • Ausbaufähigkeit

Tabelle 4: Kriterien strategischer Relevanz im Diskurs des RBV

ren Autoren auch den Titel „Dynamic Capabilities" erhielten.[169] Auch bei dieser besonderen Betonung der Interdependenz von Ressourcen darf jedoch nicht übersehen werden, daß letztendlich der strategische Charakter der *einzelnen Bausteine* für die Entstehung von Kernkompetenzen entscheidend ist. Diesen Sachverhalt kann man sich, im Vorgriff auf die noch folgende Beschreibung strategisch relevanter Kriterien, am Beispiel der Imitierbarkeit verdeutlichen: eine aus mehreren Fähigkeiten bestehende Kernkompetenz ist letztendlich nur dann nicht imitierbar und somit strategisch relevant, wenn zumindest eine der grundlegenden Fähigkeiten von Wettbewerbern nicht nachgeahmt werden kann. Wäre dies nicht der Fall, so könnten alle notwendigen Fähigkeiten von anderen Unternehmen erworben und als Kernkompetenz konfiguriert werden. Auch besondere Eigenschaften, die beispielsweise aus der längerfristigen Kombination einzelner Ressourcen resultieren und dadurch nicht unmittelbar nachgeahmt werden können, entkräften diese Argumentation nicht, da sie als eigenständige Ressourcen zu betrachten und somit auch separat zu bewerten wären. Diese Erörterungen erklären einerseits, warum im Rahmen dieses Verfahrens die ermittelten Ressourcen einer Einzelbewertung unterzogen werden; andererseits wird deutlich, daß das Konzept der Kernkompetenzen nur dann sinnvoll operationalisiert werden kann, wenn die Betrachtung auf die grundlegendere Ebene der sie konstituierenden Elemente verlagert wird.[170] Diese müssen dann allerdings den Anforderungen einer solchen Vorgehensweise entsprechend definiert sein. Im weiteren Verlauf wird herausgearbeitet, wie die zweifellos bestehenden Interdependenzen der ermittelten Ressourcen bei der Entwicklung strategischer Handlungsoptionen zu berücksichtigen sind.

Nach diesem kurzen, aber notwendigen Exkurs nun zurück zu den Kriterien strategischer Relevanz von Ressourcen, anhand derer eine Bewertung als Stärke oder Schwäche vorgenommen werden kann.

Aus der oben dargestellten Übersicht ergibt sich, daß einige Faktoren eine zentrale Rolle im RBV spielen. Dabei handelt es sich zusammengefaßt um die *Ausprägung von Ressourcen* im betrachteten Unternehmen, um deren *Bedeutung für die Schaffung von Kundennutzen (im folgenden: Kundenbedeutung)*, die *Imitierbarkeit, Ausbaufähigkeit und die*

---

[169]Teece, D.J.; Pisano, G.; Shuen, A.: „Dynamic Capabilities and Strategic Management", a.a.O., S. 516.

[170]Eine solche Vorgehensweise wird vorgeschlagen von Collis, D.J.; Montgomery, C.A.: „Competing on Resources: Strategy in the 1990s", a.a.O., S. 123.

Schritt 2: Bewertung der Ressourcen

Bedeutung für den Wettbewerbserfolg in der Zukunft (im folgenden: Zukunftsbedeutung). Da diese Punkte in den folgenden Abschnitten als die maßgeblichen Entscheidungskriterien für die strategische Relevanz von Ressourcen identifiziert und einer ausführlichen Untersuchung in dieser Hinsicht unterzogen werden, soll an dieser Stelle kurz erläutert werden, warum zwei der oben genannten Elemente *nicht* als Bewertungsmaßstab hinzugezogen werden. Dabei handelt es sich zum einen um die u.a. von AMIT/SCHOEMAKER thematisierte *Komplementarität*;[171] dieser Aspekt ist bereits im Exkurs weiter oben hinreichend behandelt worden. Das zweite bei der Bewertung nicht berücksichtigte Charakteristikum ist das der *Substituierbarkeit*. Dieser Punkt wird von mehreren Autoren als Entscheidungskriterium genannt, da eine Ressource nur dann strategisch bedeutsam sein kann, wenn sie in ihrer Wirkung nicht leicht durch ein anderes Element ersetzbar ist.[172] In gewisser Weise ist das Kriterium der Substituierbarkeit eine Ergänzung zur Imitierbarkeit, da im Ergebnis die Schwierigkeit der Nachahmung nur dann sinnvoll als Gradmesser benutzt werden kann, wenn sie nicht durch die Ersetzung der betreffenden Ressource gleichsam „ausgehebelt" wird. Trotz dieser einleuchtenden Argumentation wird die Substituierbarkeit im hier zu entwickelnden Verfahren nicht direkt berücksichtigt. Der Grund hierfür ist in der Schwierigkeit der Operationalisierung zu sehen. Während für die Bewertung des artverwandten Punktes der Imitation noch auf die bekannten Entstehungsbedingungen einer Ressource und die – zumindest in gewissem Umfang – bekannten Fähigkeiten von Wettbewerbern Bezug genommen werden kann, können wertende Aussagen zur Substituierbarkeit nur auf sehr spekulativer Grundlage erfolgen. Da die Wettbewerber anders als bei der Imitation nicht auf die Erreichung eines bereits bekannten Ziels zusteuern, sondern vielmehr in einem kreativen Akt mit einem hohen Maß von Unsicherheit eine neuartige Ressource schaffen müssen, können realistische Aussagen zur zukünftigen Substituierbarkeit in der Praxis nicht erwartet werden. Aus diesem Grund wird dieser in der Theorie durchaus berechtigte Punkt in dem hier beschriebenen Verfahren, das ja als praktikables Instrument einer prospektiven Strategieentwicklung dienen soll, nur indirekt

---

[171] Amit, R.; Schoemaker, P.J.H.: „Strategic Assets and Organizational Rent", a.a.O., S. 39.
[172] Vgl. u.a. Collis, D.J.; Montgomery, C.A.: „Competing on Resources: Strategy in the 1990s", a.a.O., S. 123 und Dierickx, I.; Cool, K.: „Asset Stock Accumulation and Sustainability of Competitive Advantage", a.a.O., S. 1507.

durch die breiter gefaßte Kategorie der zukünftigen Wettbewerbsbedeutung einer Ressource berücksichtigt. Bei der Bewertung dieses Aspektes mögen dann auch im Einzelfall Erwägungen bezüglich der Substituierbarkeit eine Rolle spielen, sofern eine solche Beurteilung als möglich erachtet wird.

Die folgende Beschreibung der ausgewählten Bewertungskategorien *Ausprägung, Imitierbarkeit, Kundennutzen, Zukunftsbedeutung und Ausbaufähigkeit* erfolgt in einer systematischen Gliederung, in der unterschieden wird zwischen der derzeitigen, der taktischen und der strategischen Bedeutung von Ressourcen. Wie diese Unterteilung zustande kommt und welche Relevanz sie für die Bewertung der einzelnen Ressourcenpositionen hat, wird in den jeweiligen Kapiteln erläutert.

4.5.1 Derzeitige Bedeutung – Absolute und relative Ausprägung

Bei der Bewertung einer Ressource muß zunächst einmal die Kategorie „Ausprägung" berücksichtigt werden, mittels derer im Sinne einer Bestandsaufnahme festgestellt wird, ob das betrachtete Element besonders stark oder besonders schwach im Ressourcenportfolio des Unternehmens vorhanden ist.[173] Dabei gilt es zu berücksichtigen, daß mit dem Begriff „Besonderheit" hier noch keine Wertung verbunden ist; inwieweit das geringe Vorhandensein oder Fehlen einer bestimmten Ressource letztendlich eine Schwäche in Hinblick auf die derzeitige oder zukünftige Wettbewerbsposition darstellen kann, wird erst in den folgenden Schritten bewertet. Umgekehrt kann auch aus dem besonders großen Umfang einer Ressource nicht unmittelbar auf einen positiven Effekt geschlossen werden; es geht an dieser Stelle lediglich darum, im Unternehmen wahrgenommene Abweichungen von einem individuell definierten Normalmaß zu ermitteln. Zur Konstruktion eines solchen Normalmaßes bedarf es eines oder mehrerer Referenzpunkte; im hier vorliegenden Verfahren werden dazu indirekt zum einen die anderen Ressourcen des Unternehmens, zum anderen die jeweils wahrgenommene Positionierung gegenüber Wettbewerbern genutzt.

Bei der Beurteilung der *absoluten* Ausprägung einer einzelnen Ressource wird diese ausschließlich im Kontext des betrachteten Unter-

---

[173]Eine ähnliche Vorgehensweise wird von HINTERHUBER ET AL. unter dem Begriff „Kompetenz-Inventur" vorgeschlagen; Hinterhuber, H.H.; Handlbauer, G.; Matzler, K.: „Kundenzufriedenheit durch Kernkompetenzen", a.a.O., S. 95.

nehmens bewertet. Im impliziten Vergleich der einzelnen Ressourcen untereinander wird dabei abgeschätzt, welche Elemente im Augenblick der Analyse eine Besonderheit darstellen. An dieser Stelle ist es wichtig zu erinnern, daß die Bewertung der Ressourcen alle in Schritt 1 des Verfahrens ermittelten Einzelpositionen mit einschließt. Aufgrund der dortigen Vorgehensweise werden unter Umständen auch Ressourcen hinsichtlich ihrer Ausprägung beurteilt, über die das Unternehmen derzeit überhaupt nicht verfügt.

Neben dieser absoluten Ausprägung einer Ressource, die auf dem geschilderten unternehmensinternen Vergleich beruht, ist die *relative* Ausprägung gegenüber relevanten Wettbewerbern maßgeblich.[174] Dieses Element der Beurteilung, das bereits weiter oben bei den existierenden Ansätzen der Unternehmensanalyse eine bestimmende Rolle spielte, ist deshalb besonders wichtig, weil es einen, wenn auch zeitpunktbezogenen, branchenweiten Maßstab darstellt. Bei einem unternehmens*internen* Ressourcenvergleich ergibt sich zwingend die Notwendigkeit, in ihrer Art unterschiedliche Ressourcen miteinander zu vergleichen; bei Abgleich eines Elementes mit dessen Ausprägung bei Wettbewerbern besteht eine solche Verschiedenartigkeit nicht. Dadurch lassen die gewonnenen Bewertungen ein höheres Maß an Zuverlässigkeit erwarten; allerdings muß hierbei berücksichtigt werden, daß die verfügbaren Informationen über Vergleichsunternehmen beschränkt und oft nicht objektiv sind. Hier wird nun deutlich, warum bei der Bewertung der Besonderheit einer Ressource im betrachteten Unternehmen sowohl auf die *absolute* als auch auf die *relative* Ausprägung Bezug genommen werden muß: bei der absoluten Betrachtung bilden bekannte, aber verschiedenartige Ressourcen den Vergleichsmaßstab; bei der relativen Betrachtung werden demgegenüber zwar gleichartige, dafür aber weniger bekannte Elemente in Bezug gesetzt.

4.5.2 Taktische Bedeutung – Imitierbarkeit und Kundennutzen

Damit eine Ressource Auswirkungen auf den Wettbewerbserfolg eines Unternehmens haben kann, muß sie neben einer *besonderen Ausprägung* auch hinsichtlich der Bewertung in den Dimensionen *Imitierbarkeit* und *Kundennutzen* Besonderheiten aufweisen. Durch die Einbeziehung die-

---

[174] Zur Bedeutung dieser Bewertungsebene siehe Grant, R.M.: „Contemporary Strategy Analysis", a.a.O., S. 132 ff.

ser beiden Kriterien kann jede einzelne Ressource als Stärke, Schwäche oder neutrale Position des Unternehmens in taktischer Hinsicht bewertet werden.[175]

Um sich als *Stärke* des Unternehmens zu qualifizieren, muß eine Ressource zunächst derzeit überdurchschnittlich stark ausgeprägt sein. Darüber hinaus muß sie aber auch *eine hohe Bedeutung hinsichtlich des geschaffenen Kundennutzens* aufweisen und muß *schwer imitierbar* sein. Die drei Punkte dieses Anforderungsprofils sollen im folgenden kurz begründet werden.

Zunächst einmal leuchtet es unmittelbar ein, daß die zu bewertende Ressource stark im Unternehmen ausgeprägt sein muß, um als Stärke gelten zu können; hier ist es insbesondere von Bedeutung, daß die Besonderheit relativ zum Wettbewerb bestimmt worden ist. Darüber hinaus ist es wichtig, daß die Ressource nur schwer nachgeahmt werden kann. Wie bereits mehrfach im Kontext dieses Buches thematisiert, herrscht in der Literatur zum RBV Einigkeit darüber, daß eine vorteilhafte Differenzierung des Unternehmens nur auf schwer imitierbare Ressourcen gegründet sein kann. Zu den beiden Kriterien der Ausprägung und der Imitierbarkeit *muß* aber noch das Element des Kundennutzens hinzukommen, damit von einer Stärke gesprochen werden kann. Letztendlich ist es der Kunde, der über den Wettbewerbserfolg des Unternehmens entscheidet; nur Ressourcen, die wesentlich zur Schaffung von Kundennutzen beitragen, können damit von positiver Bedeutung für das Unternehmen sein.[176] Dabei ist es im Ergebnis irrelevant, ob der Kundennutzen im Sinne PORTERS direkt in Form einer Leistungsdifferenzierung gesteigert wird oder aber sich als Kostenvorteil in geringeren Preisen niederschlägt.

In Abgrenzung zu diesem Anforderungsprofil an eine Stärke des Unternehmens läßt sich das Bewertungsbild einer *Schwäche* zeichnen. Eine als Schwäche zu kennzeichnende Ressource muß *hinsichtlich ihrer Ausprägung als unterdurchschnittlich bewertet* worden sein und darüber hinaus eine *hohe Bedeutung für den geschaffenen Kundennutzen* aufweisen. Ebenso wie bei der Beschreibung einer Stärke ist es auch hier unmittelbar einleuchtend, daß eine Ressource als Schwäche im betrach-

---

[175] Worin die Besonderheiten der taktischen Betrachtungsebene, auch in Abgrenzung zu der der Strategie bestehen, wird im weiteren Verlauf dieses Kapitels erläutert.

[176] Besonders herausgehoben wird der Aspekt des Kundennutzens bei HAMEL/PRAHALAD, siehe Hamel, G.; Prahalad, C.K.: „Competing for the Future", a.a.O., S. 224 ff.

Schritt 2: Bewertung der Ressourcen

	Stärke	**Schwäche**
Ausprägung		
- absolut	stark	schwach
- relativ	stark	schwach
Kundennutzen	hoch	hoch
Imitierbarkeit	schwer	—

Tabelle 5: Kriterien der taktischen Beurteilung

teten Unternehmen schwach ausgeprägt sein *muß*. Darüber hinaus gilt auch für die als Schwäche beurteilte Ressource, analog zur Stärke, daß sie von hoher Bedeutung für den geschaffenen Kundennutzen sein muß. Wäre dies nicht der Fall, so müßte zwar bezüglich der beurteilten Ressource eine nachteilige Stellung gegenüber dem Wettbewerb konstatiert werden, diese würde jedoch folgenlos bleiben, da sie sich nicht auf das Marktgeschehen auswirkt. Somit bleibt festzuhalten, daß der positiven Bedeutung einer Ressource für die Schaffung von Kundennutzen eine Schlüsselrolle hinsichtlich ihrer Bewertung als taktische Stärke oder Schwäche zukommt: ohne dieses Element bleibt sie für den Wettbewerbserfolg bedeutungslos und kann deshalb nicht die Grundlage von Wettbewerbsvorteilen des betrachteten Unternehmens oder, im Falle einer Schwäche, für Vorteile auf seiten von dessen Konkurrenten sein. In Tabelle 5 sind die Kriterien, die insgesamt zur taktischen Bewertung einer Ressource herangezogen werden, noch einmal zusammengefaßt.

Nachdem nun beschrieben worden ist, welchen Kriterien die Bewertung einer Ressource als taktische Stärke oder Schwäche unterliegt, ist es erforderlich, die Kategorie „*taktisch*" in Abgrenzung zu dem im nächsten Abschnitt verwendeten Begriff „*strategisch*" zu definieren. Dabei wird auf das grundlegende Konzept ACKOFFS Bezug genommen, dessen Identifizierung von drei Dimensionen bei der Unterscheidung zwischen taktischer und strategischer Unternehmensplanung auf die hier betrachtete Ressourcenbewertung übertragen wird.[177]

Erstes Element bei der von ACKOFF vorgenommenen Differenzierung

---

[177] Dieses Konzept findet sich bei Ackoff, R.L.: „The Nature of Planning", Auszug aus „A Concept of Corporate Planning", John Wiley177Sons, New York, 1970, wiedergegeben in Ackoff, R.L: „Ackoff's Best", John Wiley177Sons, New York, 1999, S. 99-103.

ist die *Länge des Betrachtungszeitraums*: Taktische Planung bezieht sich für ihn auf den kürzesten denkbaren Planungszeitraum, strategische Planung auf den längstmöglichen. Angewendet auf die hier vorgenommene Ressourcenbewertung bedeutet dies, daß sich taktische Stärken und Schwächen kurz- und mittelfristig auf den Wettbewerbserfolg des Unternehmens auswirken, während strategische Stärken und Schwächen eher langfristig wirksam werden. Dementsprechend stellt die taktische Bewertung auf die derzeitige Ausprägung der beurteilten Ressourcen im Unternehmen ab, während, wie im folgenden Kapitel zu zeigen sein wird, die strategische Beurteilung stärker vom Potential- als vom Bestandsgedanken geleitet wird.

Als zweites Unterscheidungskriterium zwischen Taktik und Strategie führt ACKOFF den *Umfang der von der Planung betroffenen Aktivitäten* an. Durch die taktische Planung werden demgemäß weniger Funktionen des Unternehmens betroffen als durch die strategische. Analog läßt sich dieses Element auf die Bewertung der Ressourcen anwenden: Die taktische Bedeutung einer Position spiegelt sich wider in dem Ausmaß der von ihr ermöglichten Wettbewerbsvorteile, das aufgrund des vergangenheitsbezogenen Bestandscharakters geringer ist als bei einer strategisch relevanten Ressource.

Drittens und letztens nennt ACKOFF die *Ziel-Mittel-Beziehung* als Unterscheidungsmerkmal: Während durch die taktische Planung der Weg zur Erreichung eines gegebenen Ziels definiert wird, umfaßt die strategische Planung sowohl die Beschreibung der Mittel als auch die Bestimmung der zu verfolgenden Ziele. Entsprechend beschreibt die taktische Bedeutung von Ressourcen, inwieweit Mittel zur Beeinflussung des Wettbewerbserfolgs bereits im Unternehmen vorhanden sind; die strategische Bedeutung gibt darüber hinaus an, welche Ressourcen, die zu einer solchen Beeinflussung geeignet sind, in Zukunft gebildet oder verstärkt werden können.

Zusammenfassend läßt sich sagen, daß die *taktische* Bedeutung von Ressourcen deren Einfluß auf den kurz- und mittelfristigen Wettbewerbserfolg des Unternehmens beschreibt, dabei Bezug nimmt auf das bestehende Ressourcenportfolio und in der Hauptsache bestehende Wettbewerbsvorteile betrifft. Demgegenüber bezieht sich die *strategische* Bedeutung von Ressourcen auf deren langfristige Wettbewerbsrelevanz, umfaßt sowohl das Vorhandensein als auch die Aus- und Aufbaufähigkeit von Ressourcen und zielt auf ein breites Spektrum bestehender und zukünftig denkbarer Wettbewerbsvorteile ab.

4.5.3 Strategische Bedeutung – Zukunftsbedeutung und Ausbaufähigkeit

Die Bewertung einer Ressource als Stärke oder Schwäche in *strategischer* Hinsicht hängt wesentlich ab von ihrer Bedeutung für den *zukünftigen* Wettbewerbserfolg des Unternehmens.[178] In dieser Kategorie, für die im folgenden vielfach das Synonym „Zukunftsbedeutung" verwendet wird, sind implizit mehrere Faktoren gebündelt, die im Zuge ihrer dynamischen Entwicklung den Bedeutungszusammenhang einer Ressource ändern können.[179]

Zunächst einmal sind hiermit Änderungen auf der Nachfrageseite gemeint, durch die in der Zukunft einzelne Ressourcen in ihrer Bedeutung als Grundlage für Wettbewerbsvorteile auf- oder abgewertet werden können. Darüber hinaus spielen bei der Bewertung der Zukunftsbedeutung antizipierte Änderungen in der Art der Leistungserstellung eine Rolle, wobei neben dem Aspekt der Technologie und der mit ihr in Verbindung stehenden, bereits weiter oben beschriebenen Substituierbarkeit auch veränderte Wettbewerbsbedingungen adressiert werden müssen.[180] Die Wettbewerbsbedeutung einer Ressource kann sich nicht nur aufgrund veränderter Nachfragepräferenzen und neuer Technologiemöglichkeiten verschieben, sondern auch, wenn neue Faktoren die Art des Branchenwettbewerbs transformieren. Als wichtige Faktoren in dieser Hinsicht lassen sich unter anderem strategische Allianzen, Veränderungen in der Wertschöpfungstiefe, Outsourcing, Markteintritt neuer Wettbewerber, veränderte Kundenpräferenzen und veränderte Formen staatlicher Regulierung nennen, die sich allesamt auf den zukünftigen Wert einer Ressource auswirken können.

Wie bereits gesagt, werden alle diese Faktoren nur aggregiert in der Kategorie „Zukunftsbedeutung" und mithin eindimensional bei der strategischen Bewertung einer einzelnen Ressource berücksichtigt. Als Kritikpunkt an einer solchen Vorgehensweise ließe sich anführen, daß durch eine derart grobe Vereinfachung ein signifikanter Informationsverlust

---

[178] Dieser Punkt wird herausgearbeitet bei Turner, D.; Crawford, M.: „Managing Current and Future Competitive Performance: The Role of Competence", in: Hamel, G.; Heene, A.: „Competence Based Competition", a.a.O., S. 241-263.

[179] Vgl. Montgomery, C.A.: „Of Diamonds and Rust: A New Look at Resources", a.a.O., S. 251-268.

[180] Zum Punkt der Bewertungsänderung von Ressourcen im Zeitablauf siehe Collis, D.J.; Montgomery, C.A.: „Competing on Resources: Strategy in the 1990s", a.a.O., S. 126 ff.

verursacht wird, der die Abbildung komplexer Zusammenhänge in der zukünftigen Entwicklung von Unternehmen und Umwelt unmöglich macht. Einer solchen Argumentation wäre zu entgegnen, daß zwar die detaillierte Erfassung und Prognose aller Faktoren, die eine Bedeutungsverschiebung hinsichtlich der strategischen Relevanz einzelner Ressourcen verursachen könnten, der erheblichen Komplexität des Sachverhaltes eher Rechnung tragen würde; in der Tat würde allerdings bei einer ernsthaften Verfolgung dieses Weges ein solches Maß an Komplexität erreicht, daß weder die Möglichkeit einer sinnvollen Handhabung in der Praxis noch ein vertretbares Kosten-Nutzen-Verhältnis sichtbar würden.[181] Darüber hinaus bleibt offen, was eine solch detaillierte Analyse der möglichen Zukunftsentwicklungen zur Operationalisierung des strategieimmanenten Aspektes der Kreativität und damit des originär Neuen beitragen kann.[182] Aus diesen Gründen wird im Rahmen des hier vorgestellten Verfahrens die Zukunftsbedeutung einer Ressource nur in hochaggregierter Form als eindimensionale Variable berücksichtigt; welche Faktoren letztendlich im Einzelfall in das konkrete Werturteil mit einfließen, bleibt zunächst offen. Stellt sich im Rahmen der Gesamtbewertung einer Ressource allerdings heraus, daß eine mögliche strategische Relevanz aufgrund einer hohen Zukunftsbedeutung gegeben ist, so kann im nächsten Schritt des Verfahrens noch einmal gezielt und unter Berücksichtigung aller Elemente eines prospektiven Strategieentwicklungsprozesses auf die Bewertung der entsprechenden Position eingegangen werden, wobei dann auch die einzelnen Annahmen und konkreten Einflußfaktoren einer möglichen zukünftigen Bedeutungsverschiebung analysiert werden können.

Nachdem deutlich geworden ist, daß die Zukunftsbedeutung einer Ressource die Grundlage für die Bewertung der strategischen Relevanz bildet, wird nun durch das Hinzufügen weiterer Faktoren die Möglichkeit geschaffen, in strategische Stärken und Schwächen des betrachteten Unternehmens zu unterscheiden.

Eine Ressource mit hoher Zukunftsbedeutung kann nur dann als strategische Stärke des Unternehmens gelten, wenn sie entweder schon stark ausgeprägt ist oder als sehr ausbaufähig gilt und sie zusätzlich nur

---

[181]Für den artverwandten Bereich der Simulation wird eine solche Problematik angesprochen bei Liebl, F.: „Simulation", 2., überarbeitete Aufl., R. Oldenbourg Verlag, München, Wien, 1995, S. 119.

[182]Eine Behandlung dieser Thematik findet sich bei Liebl, F.: „Strategische Frühaufklärung – Trends, Issues, Stakeholders", R. Oldenbourg Verlag, München, Wien, 1996.

schwer imitiert werden kann. Während bei einer taktischen Stärke die bereits vorhandene, starke Ausprägung ein zentrales Entscheidungskriterium des Werturteils darstellte, wird in der strategischen Beurteilung der Zukunftsorientierung durch die Einbeziehung der Kategorie „Ausbaufähigkeit" Rechnung getragen.[183] Somit können auch Ressourcen als strategische Stärken beurteilt werden, über die das Unternehmen derzeit nur in schwach ausgeprägtem Maße oder im Extremfall überhaupt nicht verfügt. Dann allerdings ist es erforderlich, daß eine Ausbaufähigkeit über den derzeitigen Status hinaus vorliegt, die im betrachteten Unternehmen stark ausgeprägt ist. Eng mit der Ausprägung bzw. der Ausbaufähigkeit korrespondiert die Imitierbarkeit; wie bei der taktischen Stärke ist es auch für eine strategisch als stark beurteilte Ressource unabdingbar, daß sie von Wettbewerbern nur schwer aufgebaut werden kann. Wäre dies nicht der Fall, so könnte das Unternehmen auf Basis der betrachteten Ressource entweder nur einen temporären Vorteil in der Zukunft erzielen (wenn die Ressource derzeit bereits stark ausgeprägt ist) oder nur mit den Wettbewerbern gleichziehen (wenn bei neutraler oder schwacher Ausprägung eine relativ starke Ausbaufähigkeit vorliegt).

Den als strategische Stärke beurteilten Ressourcen stehen die *strategischen Schwächen* gegenüber, die, anders als bei der taktischen Beurteilung, nicht nur durch ein anderes Bewertungsprofil in denselben Kategorien wie die Stärken gekennzeichnet sind, sondern darüber hinaus auch einer anderen Verknüpfungslogik unterliegen. Zunächst einmal muß einer Ressource, damit sie als strategische Schwäche beurteilt wird, ebenso wie einer Stärke eine hohe Zukunftsbedeutung attestiert werden. Damit enden aber bereits die Gemeinsamkeiten. Was nämlich die Kategorien von Ausprägung und Ausbaufähigkeit angeht, so muß bei der strategischen Schwäche von einer „UND-Verknüpfung" anstelle der bei der Stärke beschriebenen „ODER-Verknüpfung" ausgegangen werden. Nur, wenn eine Ressource derzeit schwach ausgeprägt ist *und* ihre Ausbaufähigkeit als ebenfalls schwach bewertet wird, kann es sich um eine strategische Schwäche handeln. Wäre dieser Zusammenhang nicht gegeben, so könnte im Ergebnis eine derzeit schwach vorhande-

---

[183] Es gilt zu beachten, daß das Kriterium der Ausbaufähigkeit hier *nicht* direkt im Sinne PRAHALAD/HAMELS (vgl. Prahalad, C.K.; Hamel, G.: „The Core Competence of the Corporation", a.a.O., S. 87 f.) als Möglichkeit zur Replikation bestimmter Geschäftsfeldressourcen in anderen Geschäftsfeldern gemeint ist. Vielmehr ist die generelle Option zum weiteren Auf-/Ausbau angesprochen, die freilich auch die Interpretation PRAHALAD/HAMELS mit einschließt.

	Stärke	**Schwäche**
Ausprägung		
- absolut	stark	schwach
- relativ	stark	schwach
	oder	*und*
Ausbaufähigkeit	stark	schwach
Zukunftsbedeutung	hoch	hoch
Imitierbarkeit	schwer	(leicht)

Tabelle 6: Kriterien der strategischen Beurteilung

ne Ressource in Zukunft so ausgebaut werden, daß keine unterdurchschnittliche Ausprägung mehr vorliegt; der zweite denkbare Fall einer derzeit nicht schwach ausgeprägten Ressource mit negativ bewerteter Ausbaufähigkeit ist irrelevant.

In Kombination zu den beschriebenen Urteilen in den Kategorien Zukunftsbedeutung, Ausprägung und Ausbaufähigkeit muß bei einer strategischen Schwäche das Element der leichten Imitierbarkeit hinzukommen. Eine zukunftsrelevante Ressource, bei der dem betrachteten Unternehmen ein anhaltender Ausstattungsnachteil bescheinigt wird, gilt nur dann als strategische Schwäche, wenn Wettbewerber die entsprechende Position leichter auf- bzw. ausbauen können. Aus Gründen der reinen Logik wäre diese Einschränkung nicht erforderlich; die derzeit schwache Ausprägung in Verbindung mit mangelnder Ausbaufähigkeit in der Zukunft reichen für sich genommen bereits aus, um einen dauerhaften Nachteil zu manifestieren. Da allerdings unterstellt wird, daß eine strategische Schwäche in der Zukunft erst dann wirklich bedrohlich werden kann, wenn sie gegenüber einer signifikanten Anzahl von Wettbewerbern besteht, wird hier das Kriterium der leichten Imitierbarkeit als verstärkendes Element mit in die Beurteilung einbezogen. Um diese Thematik zu verdeutlichen, soll hier ein kurzes Beispiel angeführt werden. Die zur Zeit im Bankensektor stattfindende Orientierung hin zum Online-Banking hat eine unbestritten hohe Zukunftsbedeutung für die gesamte Branche. Während es den einzelnen Privatbanken relativ leicht gefallen ist, entsprechende Institute auf nationaler Ebene erfolgreich aufzubauen, tut sich für die regional orientierten Bankenorganisationen wie die Sparkassen hier eine massive strategische Schwäche auf. Aufgrund der großen Fragmentierung in diesem Bereich gelingt es diesen Instituten nicht oder nur sehr zögerlich, einen einheitlichen

Schritt 2: Bewertung der Ressourcen

BEWERTUNGS-EBENEN	Derzeitige Besonderheit		Taktisch		Strategisch	
KATEGORIEN			Stärke	Schwäche	Stärke	Schwäche
Ausprägung	stark	schwach	stark	schwach	(stark)	schwach
Kundennutzen			hoch	hoch		
Imitierbarkeit			schwer	—	schwer	(leicht)
Zukunftsbedeutung					hoch	hoch
Ausbaufähigkeit					(hoch)	gering

Tabelle 7: Anforderungsprofile der Ressourcenbewertung

Marktauftritt zu schaffen, was zu einer sehr nachteiligen Wettbewerbsposition im Online-Banking geführt hat. Obwohl die in diese Globalbetrachtung eingebundenen Ressourcen ohnehin schon den Status von strategischen Schwächen bei den Sparkassen hätten, wird diese Problematik erst durch das immer stärkere Wachstum der Konkurrenzinstitute, die ohne den Nachteil der regionalen Fragementierung agieren können, relevant.

In Tabelle 6 ist noch einmal übersichtlich zusammengefaßt, welche Bewertungsprofile der Beurteilung einer Ressource als Stärke oder Schwäche in strategischer Hinsicht unterliegen.

4.5.4 Zusammenfassung Ressourcenbewertung

Die Bewertung der in Schritt 1 des Verfahrens ermittelten Ressourcenbasis erfolgt anhand der separaten Betrachtung jedes einzelnen Elementes. Dabei wird jede Ressource in den *Kategorien Ausprägung (absolut/relativ), Kundennutzenbeitrag, Imitierbarkeit, Zukunftsbedeutung und Ausbaufähigkeit* beurteilt. Um sowohl der derzeitigen Ressourcenausstattung des Unternehmens als auch den dynamischen Entwicklungsmöglichkeiten in der Zukunft gerecht zu werden, wird die Charakterisierung einer Ressource als Stärke oder Schwäche auf verschiedenen Ebenen vorgenommen. In Anlehnung an die Unterscheidung von taktischer und strategischer Planung bei ACKOFF werden die taktische und strategische Bedeutung von Ressourcen dadurch ermittelt, daß verschiedene Kombinationen der gewählten Entscheidungskriterien zu einem konsistenten Bewertungsprofil zusammengefügt werden. In Tabelle 7 wird diese Vorgehensweise noch einmal unter Einbeziehung der konkret gestellten Anforderungen verdeutlicht.

Wie aus Tabelle 7 hervorgeht, bauen die Anforderungsprofile, die auch eine zeitliche Abfolge repräsentieren, nicht vollständig aufeinander auf.

Der Kundennutzen spielt zwar für die derzeitige und die taktische Beurteilung einer Ressource eine Rolle; für die strategische Position bleibt er aber ohne Bedeutung. Dies erklärt sich dadurch, daß der zukünftige Beitrag einer Ressource zum Kundennutzen in Abgrenzung zum derzeit wahrgenommenen in der Kategorie „Zukunftsbedeutung" implizit mit erfaßt wird.

Anhand der Tabelle 7 wird deutlich, daß die Bewertung einer einzelnen Ressource innerhalb der drei vorliegenden Ebenen unterschiedlich sein kann. So ist es möglich, daß eine Ressource, die derzeit nur schwach im Unternehmen ausgeprägt ist, dennoch als strategische Stärke beurteilt wird; Voraussetzung ist allerdings, daß dieser Aspekt durch eine starke Ausbaufähigkeit über den jetzigen Status hinaus kompensiert wird. Ebenso möglich ist es, daß eine taktische Schwäche in strategischer Hinsicht neutral bewertet wird. Wenn eine Ressource, die im derzeitigen Wettbewerbskontext als relevant betrachtet wird, für den zukünftigen Erfolg irrelevant ist oder ihre derzeit schwache Ausprägung überwunden werden kann, so besteht kein Grund, die taktische Schwäche notwendigerweise in die Zukunft zu projizieren.

An dieser Stelle bleibt es dem interessierten Leser überlassen, die vielfältigen theoretischen Kombinationsmöglichkeiten innerhalb der einzelnen Bewertungsebenen durchzuspielen. Hier soll in den nun folgenden Kapiteln vielmehr darauf eingegangen werden, wie die erläuterte Bewertungsmethodik in eine operationale Vorgehensweise umgesetzt werden kann.

4.5.5 Die Vorgehensweise zur Ressourcenbewertung – Datenermittlung

Die Bewertung der Ressourcen knüpft unmittelbar an die Ergebnisse aus Schritt 1 des hier vorgestellten Verfahrens an. Dort sind alle Elemente, die potentiell auf die Wettbewerbsposition des Unternehmens Einfluß haben können, im Rahmen einer Interviewserie mit nach spezifischen Kriterien ausgewählten Mitarbeitern identifiziert worden. In diesem zweiten Verfahrensschritt soll nun das konkrete Ressourcenprofil des Unternehmens unter Zugrundelegung des oben entwickelten Kriterienkataloges herausgearbeitet und bewertet werden. Bei der praktischen Umsetzung dieses Vorhabens stellt sich zunächst die Frage nach dem zu einer solchen Bewertung benötigten Wissen und damit nach dem zu befragenden Personenkreis. Hier kann auf die Überlegungen aus

Schritt 2: Bewertung der Ressourcen

Schritt 1 zurückgegriffen werden: auch dort galt es, die Teilnehmer der Interviewserie so auszuwählen, daß unter Gewährleistung hinreichender Kenntnisse bezüglich des Unternehmens und seiner Umwelt möglichst viele verschiedene Perspektiven mit eingebunden werden, ohne dabei zugunsten des Vollständigkeitsanspruchs die Kosten-Nutzen-Relation aus dem Blick zu verlieren. Da diese Anforderungen an die Befragten exakt denen des zweiten Verfahrensschrittes entsprechen, empfiehlt es sich, zur Bewertung der Ressourcen wiederum auf die in Schritt 1 interviewten Mitarbeiter zurückzugreifen. Für eine solche Vorgehensweise sprechen über den Aspekt der Aufwandsminimierung hinaus noch zwei weitere Faktoren. Erstens umfaßt die in Schritt 1 gewählte Gruppe diejenigen Mitarbeiter, die bei der Strategieentwicklung eine tragende Rolle spielen. Da die Zahl dieser Mitarbeiter in jedem Unternehmen beschränkt ist,[184] ist es praktisch unmöglich, auf die Teilnahme der Interviewten aus Schritt 1 bei der Bewertung der Ressourcen zu verzichten. Zweitens ermöglicht die Einbeziehung desselben Personenkreises Effizienzgewinne; da letztendlich die Mitarbeiter aufgefordert sind, ihre eigenen Aussagen aus den Interviews einer nachträglichen Wertung zu unterziehen, ergibt sich aufgrund zu erwartender, geringer Verständnisprobleme in methodischer Sicht die Möglichkeit zur Standardisierung der Informationsermittlung.[185] Dementsprechend wird die Bewertung der Ressourcen des Unternehmens in diesem zweiten Verfahrensschritt mittels eines standardisierten Fragebogens vorgenommen.

Der ersten grundlegenden Forderung der sozialwissenschaftlichen Forschung an die Konzeption eines solchen Fragebogens, die in der Formulierung der Fragen in der Sprache der Befragten besteht,[186] wird dabei bereits dadurch Rechnung getragen, daß den Mitarbeitern in dem hier entwickelten Bogen nur diejenigen Elemente zur Bewertung vorgelegt werden, die von ihnen selbst in den vorangegangenen Interviews genannt worden sind. Hierbei muß beachtet werden, daß alle in Schritt 1 ermittelten Ressourcen unabhängig von der Zahl der dort erfolgten Nennungen gleich behandelt werden; losgelöst davon, ob eine Ressource von allen Befragten oder nur von einem einzelnen Mitarbeiter be-

---

[184] U.a. auch deshalb, weil nicht alle Mitarbeiter an einer Teilnahme im Strategieentwicklungsprozeß interessiert sind; siehe Eden, C.; Ackermann, F.: „Making Strategy", a.a.O., S. 59.
[185] Der Problemkreis Fremdverstehen-Standardisierung wird erläutert bei Bohnsack, R.: „Rekonstruktive Sozialforschung", Leske+Budrich, Opladen, 1993, S. 18 f.
[186] Siehe Reinecke, J.: „Interviewer- und Befragtenverhalten", a.a.O., S. 14.

nannt worden ist, wird sie derselben Bewertungsmethodik zugeführt.[187] Diese Vorgehensweise läßt sich begründen durch die unterschiedlichen Perspektiven der befragten Mitarbeiter auf das Unternehmen. Es ist zu erwarten, daß aufgrund verschiedener Tätigkeitsbereiche in der individuellen Wahrnehmung unbewußt unterschiedliche Gewichtungen der beobachteten Phänomene vorgenommen werden.[188] So wird ein Mitarbeiter aus dem Vertriebsbereich eher diejenigen Ressourcen thematisieren, die direkt an der Schnittstelle zum Kunden wirksam werden, z.B. die Fähigkeiten im Marketing. Demgegenüber wird ein Controller tendenziell eher auf die innerbetrieblichen Informationssysteme und die finanziellen Ressourcen hinweisen. Obwohl beide Mitarbeiter die vom jeweils anderen „bevorzugten" Elemente auch kennen, dürften zunächst die der eigenen Tätigkeit am engsten verbundenen Positionen beschrieben werden. Bei der Bewertung soll dieser Effekt dadurch überwunden werden, daß jeder Mitarbeiter mit der Gesamtheit der in den Interviews identifizierten Ressourcen konfrontiert wird.

An dieser Stelle ist es wichtig darauf hinzuweisen, daß das Ziel der beschriebenen Vorgehensweise darin besteht, alle genannten Ressourcen gleichberechtigt zu behandeln; dieses Bestreben darf nicht verwechselt werden mit dem Versuch, Mitarbeiter zur Bewertung ihnen bisher unbekannter oder wenig bekannter Ressourcen heranzuziehen. Vielmehr muß für *diesen* Fall im Fragebogen die Möglichkeit vorgesehen werden, eine wertende Antwort durch Nennung der Kategorie „keine Angabe" zu umgehen. Durch Einräumung einer solchen Möglichkeit kann die Qualität der erhobenen Informationen wesentlich verbessert werden.[189]

---

[187]EDEN/ACKERMANN argumentieren, daß durch die Einbringung marginaler Aspekte neue strategische Optionen entwickelt und generell die Kreativität des Prozesses der Strategieentwicklung gefördert werden; siehe Eden, C.; Ackermann, F.: „Making Strategy", a.a.O., S. 58.

[188] „..., Individuen werden dieselbe Situation oder dieselben Hinweise aus der Umwelt unterschiedlich interpretieren. Dementsprechend werden bei einer Vielzahl von Hinweisen auf strategische Probleme viele verschiedene Interpretationen dieser Hinweise existieren. Die Interpretation durch ein Individuum wird eine Funktion seines/ihres Hintergrunds sein und früherer Erfahrungen. Darüber hinaus wird die individuelle Wahrnehmung von Hinweisen beeinflußt durch andere Faktoren wie Expertenmeinungen, Betonung, Chronologie, Häufigkeit der Hinweise, zusätzliche Hinweise etc. Diese Faktoren können zu einer Voreingenommenheit der Wahrnehmung führen. ..."; Lyles, M.A.; Thomas, H.: „Strategic Problem Formulation: Biases and Assumptions Embedded in Alternative Decision Making-Models", a.a.O., S. 133.

[189]Vgl. Rughase, O.G.: „Jenseits der Balanced Scorecard: Strategische Wettbewerbsvorteile messen", a.a.O., S. 79.

Schritt 2: Bewertung der Ressourcen 113

Demselben Ziel der verbesserten Informationsqualität dient auch die Einräumung eines Feldes zur Darlegung persönlicher Anmerkungen, die bei der späteren Auswertung Hinweise bezüglich der der Bewertung zugrundeliegenden Motivation liefern können.

Nachdem bisher beschrieben worden ist, welche Ressourcen es zu bewerten gilt, wie sich der zu einer solchen Bewertung heranzuziehende Personenkreis zusammensetzt und wie erste wesentliche Anforderungen an einen zweckorientierten, standardisierten Fragebogen aussehen, soll nun die Erhebung der konkreten Bewertungsinformationen beispielhaft anhand einer einzelnen Ressource dargestellt werden (siehe Abb. 14).

Bindung der bestehenden Kunden an das Unternehmen durch eine den Kundenwünschen entsprechende Betreuung	Stark 1 2	Schwach 3 4 5	k.A.
Ausprägung dieser Eigenschaft im Unternehmen	☐ ☐	☐ ☐ ☐	☐
Stellung des Unternehmens in dieser Eigenschaft gegenüber Wettbewerbern	☐ ☐	☐ ☐ ☐	☐
Bedeutung dieser Eigenschaft für die Kunden	☐ ☐	☐ ☐ ☐	☐
Ausmaß der Schwierigkeiten für Wettbewerber, diese Eigenschaft zu erlangen	☐ ☐	☐ ☐ ☐	☐
Bedeutung dieser Eigenschaft für den Wettbewerbserfolg in der Zukunft	☐ ☐	☐ ☐ ☐	☐
Ausbaufähigkeit dieser Eigenschaft über den jetzigen Status hinaus	☐ ☐	☐ ☐ ☐	☐
Anmerkungen:			

Abbildung 14: Ressourcenbewertung im standardisierten Fragebogen

Gegenstand dieses Beispiels ist als Ressource die Fähigkeit des Unternehmens, die bestehenden Kunden durch eine bedarfsgerechte Betreuung an sich zu binden. Unterhalb der Beschreibung dieser Ressource finden sich in einer kurz gehaltenen Umschreibung die im vorherigen Kapitel festgelegten Kategorien der Bewertung: *Ausprägung (absolut/relativ), Kundennutzen, Imitierbarkeit, Zukunftsbedeutung und Ausbaufähigkeit*. Der Befragte ist aufgefordert, die genannte Ressource in jeder der Kategorien auf einer Ordinalskala zu bewerten. Der Wert 1 stellt dabei den einen Pol einer besonders starken Ausprägung der jeweiligen Kategorie dar, der Wert 5 den gegenüberliegenden Pol einer besonders schwachen Ausprägung; dazwischen werden graduelle Abstufungen angeboten. Zur Bewertung werden fünf Stufen vorgegeben, weil in der Literatur für fünf bis sieben Stufen einer Ordinalskala die qualitativ besten Ergebnisse bezüglich der zu ermittelnden Informationen erwartet werden.[190]

An dieser Stelle ist anzumerken, daß die geschilderte Vorgehensweise der Bewertung der Ressourcen anhand einer Ordinalskala Kritik in methodischer Hinsicht hervorrufen kann. Letztendlich wird dadurch der Versuch unternommen, qualitative Aussagen in quantitative Daten zu überführen; diese lassen sich wesentlich besser einer standardisierten Auswertung und Verdichtung zuführen.[191] Einer solchen Kritik kann entgegnet werden, daß auch qualitative Bewertungen in vielen Fällen auf mehr oder minder bewußten Quantifizierungen beruhen:

„Wie dem auch sei, im Hintergrund wird viel gezählt, wenn qualitative Urteile gefällt werden. Wenn wir ein Thema oder ein Muster identifizieren, isolieren wir etwas das (a) mehrmals auftritt und (b) ständig in einer bestimmten Art auftritt. Die ‚mehrmals'- und ‚ständig'-Beurteilungen basieren auf Zählungen. Wenn wir generalisieren, häufen wir eine Vielzahl von Einzelheiten an und entscheiden, nahezu unbewußt, welche Einzelheiten öfter auftreten, welche wichtiger sind als andere, welche zusammengehören und so weiter. Wenn wir sagen, etwas sei ‚wichtig' oder ‚bedeutend' oder ‚wiederholend', so sind wir zu einem gewissen Teil durch Zählungen, Vergleiche und Gewichtungen zu dieser Einschätzung gelangt."[192]

Aus dem Gesagten geht hervor, daß die quantitative Bewertung eines Phänomens nicht die bloße Transformation eines qualitativen Urteils in eine Zahlenlogik darstellt, sondern vielmehr auch auf die der Urteilsbildung zugrundeliegenden Faktoren quantitativer Natur zurückgreift. Deshalb ist es zulässig, die hier vorgenommene Bewertung der Ressourcen mit Hilfe einer Ordinalskala vorzunehmen.

Hinsichtlich der Qualität der erhobenen Bewertungsdaten ist es sehr wichtig, die später bei der Auswertung zur Anwendung kommende Kombinationslogik den Befragten vor dem Ausfüllen des Fragebogens

---

[190] So die Aussage bei Hinterhuber, H.H.; Handlbauer, G.; Matzler, K.: „Kundenzufriedenheit durch Kernkompetenzen", a.a.O., S. 73.

[191] Miles, M.B.; Huberman, A.M.: „Qualitative Data Analysis", 2nd ed., SAGE Publications, Thousand Oaks/London/New Dehli, 1994, S. 253.

[192] Miles, M.B.; Huberman, A.M.: „Qualitative Data Analysis", a.a.O., S. 253.

Schritt 2: Bewertung der Ressourcen

nicht offenzulegen.[193] Ansonsten bestünde die Gefahr, daß die Beurteilung der Ressourcen in den einzelnen Kategorien nicht unabhängig voneinander, sondern zielgerichtet hinsichtlich gewünschter Ergebnisse vorgenommen wird. Um solch einer politischen Einflußnahme vorzubeugen, ist es unerläßlich, die Anforderungsprofile an Stärken und Schwächen in den einzelnen Betrachtungsebenen zunächst unter Verschluß zu halten.[194] Der Verhinderung politisch motivierter Ergebnisverzerrungen dient ebenfalls die Anonymität der Datenerhebung. Wie im ersten Schritt des Verfahrens wird den Teilnehmern auch bei der Bewertung der Ressourcen zugesichert, die Informationen so zu verarbeiten, daß ein Rückschluß auf die auskunftgebende Person ausgeschlossen ist. Dadurch kann verhindert werden, daß politisch motivierte Überlegungen die Ergebnisse der Bewertung verzerren.

Ein weiteres Element zur Qualitätsverbesserung der erhobenen Daten kann in der Uniformität des angewendeten Fragebogens gesehen werden.[195] Alle Ressourcen werden dem Schema des oben dargestellten Beispiels entsprechend bewertet. Dadurch werden sowohl die Bearbeitungszeit als auch das Ausmaß von Unklarheiten aufgrund methodischer Änderungen minimiert. Um den Befragten die Orientierung weiter zu erleichtern, werden die Ressourcen gegliedert nach den einzelnen Geschäftsbereichen, denen sie zugehörig sind, abgefragt. Beginnend mit den bereichsübergreifenden Ressourcen des Gesamtunternehmens, die tendenziell von den meisten Befragten bewertet werden können, fährt der Fragebogen fort mit der in sich geschlossenen Darstellung der Bereichsressourcen. Es hängt von der Anzahl der insgesamt zu bewertenden Positionen ab, ob weitere Untergliederungen innerhalb der einzelnen Bereiche, etwa entlang inhaltlicher Parallelen, vorgenommen werden oder nicht.

Entscheidend für die Qualität der Informationen ist darüber hinaus die Anleitung zum Ausfüllen des Fragebogens. Dem Befragten stehen bei der Bearbeitung des Bogens keine Möglichkeiten für Verständnisfragen

---

[193] Vgl. Atteslander, P. et al.: „Methoden der empirischen Sozialforschung", 6., neu bearbeitete und erweiterte Aufl., Walter de Gruyter Verlag, Berlin / New York, 1991, S. 196.

[194] Zu einer Diskussion der Gründe, die zu politisch motivierten Verzerrungen bei der Erhebung strategisch relevanter Daten in Unternehmen führen können, siehe Huber, G.P.; Power, D.J.: „Research Notes and Communications – Retrospective Reports of Strategic-level Managers: Guidelines for Increasing Their Accuracy", in: Strategic Management Journal, Vol. 6, 1985, S. 171-180.

[195] Friedrichs, J.: „Methoden empirischer Sozialforschung", a.a.O., S. 238.

offen; dementsprechend ist es wichtig, solche Fragen so weit wie möglich im Vorfeld zu erkennen und prophylaktisch zu beantworten.[196] Es versteht sich von selbst, daß der positive Effekt einer schriftlichen Anleitung nur dann zum Tragen kommen kann, wenn sie von den Befragten vor dem Ausfüllen des Fragebogens sorgfältig gelesen wird. Trotz der Selbstverständlichkeit dieser Aussage ist es wichtig, die Befragten gezielt auf diesen Punkt hinzuweisen.

In der Anleitung sollte eine Frist genannt werden, die bei der Rückgabe des Fragebogens einzuhalten ist. Durch die Festlegung eines möglichst engen Zeitfensters, das jedoch allen Beteiligten die Möglichkeit zur Bearbeitung gewähren muß, wird sichergestellt, daß die erhobenen Daten auf Basis einer weitgehend einheitlichen Situation des Unternehmens ermittelt werden. Bei Einräumung einer sehr langen Rückgabefrist wäre es denkbar, daß signifikante Änderungen im Unternehmen oder in dessen Umwelt zu einer Veränderung der individuellen Bewertungen führen; in einem solchen Falle wären die erhobenen Daten inkonsistent.[197]

Generell kann eine sehr hohe Rücklaufquote für die Fragebögen erwartet werden.[198] Da alle Befragten in verantwortlichen Positionen arbeiten oder zumindest ein existentielles Interesse an der Zukunft des Unternehmens haben, kann in der Tat sogar von einem vollständigen Rücklauf ausgegangen werden. Sollte sich allerdings nach Ablauf der Rückgabefrist und einer eventuell gesetzten Nachfrist herausstellen, daß wider Erwarten noch eine signifikante Anzahl von Fragebögen aussteht, so ist es erforderlich, die Aktion durch erneute Verteilung aller Unterlagen an alle Teilnehmer de facto zu wiederholen. Aufgrund der Anonymität der Datenerhebung ist es nämlich unmöglich, gezielt die noch ausstehenden Bewertungen einzufordern. Auch kann nicht erwartet werden, daß die säumigen Teilnehmer, die den Fragebogen unter Umständen bereits vernichtet haben, von sich aus ein neues Exemplar anfordern. Da die erneute Verteilung aller Unterlagen einen erheblichen Aufwand bedeutet, ist es erforderlich, bereits die Einzelinterviews

---

[196] Ebda., S. 238 f.

[197] „Der Zeitraum sollte begrenzt sein, weil sonst – je nach Thema – Effekte der Zeit auftreten können, z.B. politische Ereignisse oder ein Zeitungsartikel, die die Einstellung der Befragten verändern können."; Friedrichs, J.: „Methoden empirischer Sozialforschung", a.a.O., S. 239.

[198] Die zu erwartende Rücklaufquote dürfte den von Friedrichs genannten Höchstwert von 70% deutlich überschreiten; siehe Friedrichs, J.: „Methoden empirischer Sozialforschung", a.a.O., S. 237.

Schritt 2: Bewertung der Ressourcen   117

in Schritt 1 des Verfahrens zu nutzen, um jeden Teilnehmer individuell
auf die Zusendung des Fragebogens vorzubereiten. Die dabei eingeholte
Selbstverpflichtung muß unterstützt werden durch eine allgemeine Beschreibung des Bewertungsprozesses in der Anleitung zum Fragebogen.
Durch solche Informationen kann nicht nur im Sinne einer Vorsteuerung
die Rücklaufquote weiter erhöht werden, sondern auch die Qualität der
getroffenen Bewertungen.[199]
Nachdem die letzte Frist zur Rückgabe der Fragebögen verstrichen ist,
müssen die in den eingegangenen Exemplaren erhobenen Daten ausgewertet und verdichtet werden, damit die Ergebnisse im weiteren Prozeß
der Strategiearbeit verwendet werden können. Wie dies geschieht, wird
im nächsten Kapitel detailliert beschrieben.

4.5.6 Die Vorgehensweise zur Ressourcenbewertung – Datenauswertung

Durch die Art der *Datenerhebung*, wie sie im vorhergehenden Kapitel
beschrieben worden ist, eröffnen sich zwei verschiedene Wege der *Datenauswertung*. Da jede einzelne Ressource von jedem Teilnehmer separat bewertet worden ist, bietet es sich zunächst an, die oben entwickelten Anforderungsprofile auf der Ebene der individuellen Ressourcenbetrachtung anzuwenden. Bei dieser Art der Auswertung, im folgenden
kurz als die „individuelle Auswertung" bezeichnet, wird anhand einer
im folgenden zu erläuternden Kombinationslogik ermittelt, wie eine
Ressource von einem einzelnen Teilnehmer hinsichtlich ihrer derzeitigen Ausprägung sowie ihrer taktischen und strategischen Bedeutung
beurteilt wird.
Neben der an den individuellen Angaben der einzelnen Teilnehmer
orientierten Art der Datenauswertung besteht auch die Möglichkeit zu
einer kumulierten Vorgehensweise. Aufgrund der standardisierten Datenerhebung anhand des weiter oben vorgestellten Fragebogens ist es
möglich, die Daten pro Ressource über alle Teilnehmer innerhalb einer bestimmten Kategorie zusammenzufassen, um so zunächst unter
Anwendung zu definierender Streuungsmaße diejenigen Elemente mit
kontroverser und mithin näher zu untersuchender Beurteilung herauszufiltern.
Da diese Methode der Datenauswertung letztendlich mehr Informationen einbezieht als die individuelle Vorgehensweise, ist sie als Hauptme-

---
[199]Vgl. Friedrichs, J.: „Methoden empirischer Sozialforschung", a.a.O., S. 236.

thodik zu bevorzugen; lediglich zur Plausibilitätsprüfung bei kontrovers beurteilten Ressourcen sollten die Ergebnisse einer individuellen Auswertung mit zu Rate gezogen werden.

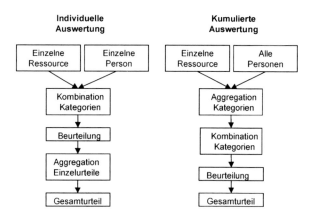

Abbildung 15: Vergleich individueller und kumulierter Auswertung

Trotz der überwiegenden Bedeutung der kumulierten Auswertungsmethodik soll hier zunächst das individuell orientierte Verfahren beschrieben werden, da mit ihm die Anwendung der weiter oben entwickelten Kombinationslogik zur Ressourcenbewertung anschaulicher dargestellt werden kann. Auf deren Erläuterung basiert dann die Beschreibung der kumulierten Vorgehensweise, die anschließend vorgestellt wird.

Individuelle Auswertung
Die *Ausprägung* einer Ressource wird von einem einzelnen Teilnehmer dann als *derzeitige Besonderheit* des Unternehmens bewertet, wenn

- eine Bewertung in den beiden Kategorien absolute und relative Ausprägung erfolgt ist und

- die Summe dieser beiden Werturteile auf der Ordinalskala den Wert 6 über- oder unterschreitet.

Ergibt die Summe der beiden Kategorien den Wert 6, so handelt es sich bei der Ressource im Urteil des Bewertenden um eine neutrale Position des Unternehmens. Bei einem Wert kleiner 6 liegt eine besonders starke Ausprägung vor, bei einer Überschreitung dieses Wertes ein besonders

Schritt 2: Bewertung der Ressourcen   119

KATEGORIEN	Teilnehmer X Ressource Y Bewertung
Ausprägung absolut	2
Ausprägung relativ	1
Kundennutzen	2
Imitierbarkeit	4
Zukunftsbedeutung	1
Ausbaufähigkeit	3

Summe < 6	> Starke Ausprägung
Summe > 6	> Schwache Ausprägung
Mindestens eine Angabe fehlt	> keine Auswertung

Abbildung 16: Ausprägung bei individueller Auswertung

schwaches Vorhandensein. Diese Unterscheidung ergibt sich zum einen aus der Polarität der Ordinalskala (1-stark, 5-schwach), zum anderen basiert sie auf einer bewußten Entscheidung bezüglich der gestellten Anforderungen. Es wäre durchaus denkbar, eine Ressource erst dann als Besonderheit gelten zu lassen, wenn z.B. beide Einzelwerte jeweils kleiner oder gleich 2 bzw. größer oder gleich 4 sind, mithin eine sehr konsistente Beurteilung hinsichtlich der absoluten und der relativen Ausprägung vorliegt. Davon wird hier abgesehen: über die summierte Betrachtung der beiden Angaben werden mehr Freiheitsgrade bezüglich der Einzelwerte zugelassen; außerdem wird davon ausgegangen, daß bereits eine besondere Beurteilung in einer der beiden Kategorien unter der Nebenbedingung einer nicht widersprüchlichen Bewertung in der jeweils anderen Kategorie als Kriterium ausreicht.

Um zu entscheiden, ob ein Teilnehmer eine Ressource als *taktische Besonderheit* bewertet hat, werden die beiden Kategorien Kundennutzen und Imitierbarkeit hinzugezogen. Kommt zu einer besonders starken Ausprägung einer Ressource derzeit eine Bewertung des Kundennutzens *und* der Imitierbarkeit[200] mit den Werten 1 oder 2 hinzu, so handelt es sich um eine taktische Stärke des Unternehmens. Wenn sich demgegenüber eine derzeit schwache Ausprägung mit einem mit den Werten 1 oder 2 beurteilten Kundennutzen verbindet, so stellt die betrachtete Ressource eine taktische Schwäche dar. Falls die genannten Kriterien nicht erfüllt werden, weil beispielsweise der Kundennutzen als neutral bewertet wird, so gilt die Ressource als neutral bewertet. Kann der derzeitige Charakter einer Ressource aufgrund fehlender Angaben nicht ermittelt werden oder ist in der Kategorie Kundennutzen keine

---

[200] Es ist zu beachten, daß durch die im Fragebogen enthaltene negative Formulierung bezüglich der Imitierbarkeit ein Wert von 1 oder 2 in dieser Kategorie eine schwere oder eher schwere Imitierbarkeit indiziert.

BEWERTUNGS-EBENEN KATEGORIEN	Derzeitige Besonderheit	Taktisch		Strategisch	
		Stärke	Schwäche	Stärke	Schwäche
Ausprägung					
absolut	1,2,(3)	(3),4,5	1,2,(3)	(3),4,5	[1,2,(3)]	(3),4,5
relativ	1,2,(3)	(3),4,5	1,2,(3)	(3),4,5	[1,2,(3)]	(3),4,5
Kundennutzen			1,2	1,2		
Imitierbarkeit			1,2		1,2	(4,5)
Zukunftsbedeutung					1,2	1,2
Ausbaufähigkeit					(1,2)	3,4,5

Tabelle 8: Anforderungsprofile der Ressourcenbewertung auf der Ordinalskala

Wertung vorgenommen worden, so kann die taktische Bedeutung der Ressource, zumindest hinsichtlich ihres Charakters als Schwäche, nicht ermittelt werden.

Die betrachtete Ressource stellt *im Urteil eines Teilnehmers* dann eine *strategische Besonderheit* dar, wenn zunächst die Kategorie Zukunftsbedeutung mit dem Wert 1 oder 2 bewertet wird. Liegt darüber hinaus entweder eine starke derzeitige Ausprägung oder eine als hoch (Wert 1 oder 2) beurteilte Ausbaufähigkeit vor, die sich mit einer schweren Imitierbarkeit (Wert 1 oder 2) verbinden, so handelt es sich bei der Position um eine strategische Stärke des Unternehmens. Wird eine hohe Zukunftsbedeutung dagegen mit geringer derzeitiger Ausprägung, mäßiger oder schlechter Ausbaufähigkeit (Wert 3, 4 oder 5) *und* einer leichten Imitierbarkeit (Wert 4 oder 5) kombiniert, dann stellt die Ressource im Urteil des Teilnehmers eine strategische Schwäche dar.

In Tabelle 8 werden noch einmal alle drei Anspruchsprofile der Ressourcenbewertung mit den ihnen korrespondierenden Wertungen auf der Ordinalskala dargestellt.

Durch dieses Auswertungsschema läßt sich auf Ebene des einzelnen Teilnehmers jede Ressource eindeutig festlegen hinsichtlich ihres Charakters als derzeitige, taktische oder strategische Besonderheit. Die folgenden zwei Beispiele (siehe Abb. 17 und 18) einer individuellen Ressourcenbewertung illustrieren diese Aussage noch einmal anschaulich.

Die Fähigkeit des Unternehmens, eine flache Hierarchie zur schnellen und flexiblen Reaktion auf Kundenwünsche zu nutzen, wird vom Befragten A als *derzeit* besonders stark ausgeprägt betrachtet (Werte 1 und 2 in den Kategorien absolute/relative Ausprägung). In *taktischer* Hinsicht handelt es sich bei dieser Ressource um eine neutrale Position,

Schritt 2: Bewertung der Ressourcen   121

Flexibilität und Schnelligkeit in der Reaktion auf Kundenwünsche bedingt durch eine flache Hierarchie	Stark 1	2	3	4	Schwach 5	k.A.
Ausprägung dieser Eigenschaft im Unternehmen	☒	☐	☐	☐	☐	☐
Stellung des Unternehmens in dieser Eigenschaft gegenüber Wettbewerbern	☐	☒	☐	☐	☐	☐
Bedeutung dieser Eigenschaft für die Kunden	☐	☐	☒	☐	☐	☐
Ausmaß der Schwierigkeiten für Wettbewerber, diese Eigenschaft zu erlangen	☐	☒	☐	☐	☐	☐
Bedeutung dieser Eigenschaft für den Wettbewerbserfolg in der Zukunft	☒	☐	☐	☐	☐	☐
Ausbaufähigkeit dieser Eigenschaft über den jetzigen Status hinaus	☐	☐	☐	☐	☒	☐

Anmerkungen:
_____
_____

Abbildung 17: Bewertung einer einzelnen Ressource durch Befragten A

da eine Bewertung als Stärke durch die Neutralität in Hinblick auf den Kundennutzen ausgeschlossen wird. *Strategisch* stellt diese Ressource eine Stärke dar, weil die derzeit starke Ausprägung kombiniert ist mit einer hohen Zukunftsbedeutung und einer eher schweren Imitierbarkeit.

Flexibilität und Schnelligkeit in der Reaktion auf Kundenwünsche bedingt durch eine flache Hierarchie	Stark 1	2	3	4	Schwach 5	k.A.
Ausprägung dieser Eigenschaft im Unternehmen	☐	☐	☒	☐	☐	☐
Stellung des Unternehmens in dieser Eigenschaft gegenüber Wettbewerbern	☐	☐	☐	☒	☐	☐
Bedeutung dieser Eigenschaft für die Kunden	☒	☐	☐	☐	☐	☐
Ausmaß der Schwierigkeiten für Wettbewerber, diese Eigenschaft zu erlangen	☐	☒	☐	☐	☐	☐
Bedeutung dieser Eigenschaft für den Wettbewerbserfolg in der Zukunft	☒	☐	☐	☐	☐	☐
Ausbaufähigkeit dieser Eigenschaft über den jetzigen Status hinaus	☐	☐	☐	☒	☐	☐

Anmerkungen:
_____
_____

Abbildung 18: Bewertung einer einzelnen Ressource durch Befragten B

Dieselbe Ressource wird von Teilnehmer B grundlegend anders bewertet. Zunächst einmal sieht er eine *derzeit* eher schwache Ausprägung der Position, bedingt durch die schwache Beurteilung in der Kategorie „relative Ausprägung". In *taktischer* Hinsicht wird die Ressource als

	Befragter A	**Befragter B**
Derzeitige Ausprägung	stark	schwach
Taktische Bewertung	neutral	Schwäche
Strategische Bewertung	Stärke	neutral

Tabelle 9: Beispiele Auswertung

Schwäche bewertet; die schwache Ausprägung verbindet sich mit einem hohen Kundennutzen. Anders sieht es bei der Bewertung in strategischer Hinsicht aus: der schwach vorhandenen Fähigkeit, der auch nur eine unterdurchschnittliche Ausbaufähigkeit zugeschrieben wird, kommt eine hohe Zukunftsbedeutung zu; da das Unternehmen sich aber nicht allein dem Mangel dieser Ressource gegenübersieht, sondern ein solcher aufgrund der schweren Imitierbarkeit auch für Wettbewerber unterstellt werden kann, ist hier kein strategischer Nachteil zu erkennen. Zusammenfassend ergeben sich also bei der Auswertung der beiden Beispiele die nebenstehenden Bewertungen.

Nachdem die Auswertung der vorliegenden Fragebögen auf individueller Ebene in der beschriebenen Form vorgenommen worden ist, müssen in einem nächsten Schritt die Einzelergebnisse so aggregiert werden, daß die einzelnen Bewertungen der Ressourcen in einem Gesamtbild je Position aufgehen. Zu diesem Zweck werden alle Einzelurteile bezüglich einer Ressource so zusammengefaßt, daß unmittelbar ersichtlich wird, wieviele der Befragten die betreffende Position in der jeweiligen Bewertungsebene als Stärke, Schwäche oder Neutrum bewertet haben. Da eine Verrechnung der Ergebnisse keine sinnvolle Aggregation darstellt, soll die relative Häufigkeit der Nennungen als Kriterium dienen. Nur wenn ein bestimmter Schwellenwert überschritten wird, soll eine Zuordnung erfolgen. Im vorliegenden Fall wurde festgelegt: wenn der relative Anteil der vorliegenden Einzelbewertungen 66% überschreitet, gilt die Ressource insgesamt als Stärke oder Schwäche in der jeweiligen Bewertungsebene. Das folgende Beispiel verdeutlicht die Vorgehensweise. Angenommen, bezüglich einer Ressource liegen je 20 Einzelbeurteilungen pro Bewertungsebene vor. Hinsichtlich der taktischen Beurteilung handelt es sich dabei beispielsweise um 11 Wertungen als Stärke, 4 als Schwäche und 5 als Neutrum. Da die relative Anzahl der Bewertungen als Stärke nur 11/20, also 55% beträgt, und der entsprechende Wert für eine Schwäche nur 20%, so handelt es sich insgesamt um eine in taktischer Hinsicht neutrale Ressource. Um als Stärke oder Schwäche in dieser Bewertungsebene zu gelten, wären mindestens 14 übereinstimmende Einzelurteile erforderlich.

Offensichtlich handelt es sich bei dem zugrundegelegten Mindestanspruch von 66% um einen gesetzten Wert; auch andere Werte wären denkbar. Es bleibt allerdings zu berücksichtigen, daß ein niedrig angesetzter Wert tendenziell eher dazu führt, auch heterogen beurteilte Ressourcen mit einem hohen Maß von Informationsverlust in die Kategorien von Stärke oder Schwäche einzuordnen. Demgegenüber läßt ein relativ hoher Schwellenwert die Anzahl der als Besonderheit des Unternehmens bewerteten Positionen stark zurückgehen und wirkt letztlich kontraproduktiv, da das hier vorgestellte Verfahren ja auf die Entdeckung relevanter Ressourcen abstellt.

Anhand der vorgestellten Vorgehensweise werden alle Ressourcen zu einer Bewertung als Stärke, Schwäche oder Neutrum in den drei Bewertungsebenen derzeitiger, taktischer und strategischer Bedeutung kategorisiert. Es dürfte allerdings deutlich geworden sein, daß bei der Ermittlung dieser Gesamturteile im Zuge der erforderlichen Aggregationen nicht unerhebliche Informationsverluste auftreten. Werden beispielsweise von einem Befragten keine Angaben hinsichtlich der Imitierbarkeit einer Ressource gemacht, so kann in strategischer Hinsicht kein Einzelurteil ermittelt werden; dadurch gehen die Angaben dieses Befragten bezüglich Ausbaufähigkeit und Zukunftsrelevanz der Ressource de facto verloren. Aus diesem Grund wird im nächsten Abschnitt eine komplementäre Art der Datenauswertung vorgestellt, bei der diese Art der Datenverluste vermieden und somit auf eine breitere Informationsbasis zurückgegriffen werden kann.

Kumulierte Auswertung
Bei der hier so bezeichneten „kumulierten Auswertungsmethodik" wird zunächst ermittelt, wie *eine Ressource von der Gesamtheit der Befragten in jeder einzelnen Kategorie beurteilt worden ist*; daran anschließend werden die Ergebnisse der fünf Kategorien (bzw. sechs, da die Ausprägung zweifach bewertet wird) entsprechend der oben entwickelten Kombinationslogik zur Beurteilung der betreffenden Ressource genutzt. Da bei dieser Vorgehensweise die Einzelurteile der Befragten *vor*

der Gesamtbewertung einer Ressource aggregiert werden, wird diese Art der Auswertung hier als „kumulierte Auswertung" bezeichnet.

Die Verdichtung der Daten wird vorgenommen, indem für jeweils eine Ressource die Angaben bezüglich jeder Kategorie zusammengefaßt werden. Da die Beurteilung anhand einer Ordinalskala vorgenommen wird, bietet es sich in einem ersten Schritt an, für die vorliegenden Daten die relativen Häufigkeiten je Merkmalsausprägung zu ermitteln. Als Ergebnis dieser Vorgehensweise resultiert eine Bewertungsmatrix für jede Ressource, wie sie im Beispiel in Abbildung 19 anhand von achtzehn Fragebögen dargestellt wird.[201]

Wie bei der individuellen Auswertung auch gilt es nun, die weiter oben entwickelte Kombinationslogik bezüglich der Bewertung der Ressource hinsichtlich der drei unterschiedlichen Bewertungsebenen auf die vorliegende Matrix relativer Häufigkeiten anzuwenden.

Zunächst einmal muß festgelegt werden, welche Ressourcen aufgrund der vorliegenden Daten aus der Beurteilung herausfallen. In der *individuellen Auswertung* ist dies der Fall, wenn der Befragte in einer zur Bewertung benötigten Kategorie keine Angaben macht. Da es bei der *kumulierten Auswertung* sehr unwahrscheinlich ist, daß *alle* Teilnehmer die Bewertung einer Ressource in einer Kategorie als nicht möglich betrachten, so muß eine Mindestanzahl von Antworten festgelegt werden, die erforderlich ist, um eine Aussage treffen zu können. Hier wird diese Mindestanzahl mit 50% der Befragten definiert. Bei dieser Wahl wird berücksichtigt, daß einerseits die Aussagekraft der abgeleiteten Bewertung mit der Anzahl der verwendeten Antworten steigt, andererseits aber aufgrund der unterschiedlichen Erfahrungshintergründe der Befragten mit einer größeren Anzahl fehlender Angaben gerechnet werden muß.

Es gilt zu berücksichtigen, daß die getroffene Empfehlung nur für die Ressourcen des Gesamtunternehmens gilt. Werden auch spezifische Ressourcen einzelner Unternehmensbereiche mit in den Fragebogen integriert, was aus Gründen der Gesamtunternehmensperspektive sinnvoll erscheint, so muß für diese Positionen aufgrund von Informationsasymmetrien ein geringerer Mindestanspruch festgelegt werden. Hier erscheinen als Datenbasis die Aussagen von mindestens 30% der Teilnehmer als sinnvoll.

Neben dem Kriterium einer Mindestanzahl verwendbarer Einzelangaben ist es bei der kumulierten Auswertung sowohl erforderlich als auch

---

[201] Evt. Rundungsdifferenzen durch Weglassen der Nachkommastellen.

Schritt 2: Bewertung der Ressourcen

Ressource: _____

Auswahl der Führungskräfte den Anforderungen der jeweils zu besetzenden Position entsprechend

Fragebogen Nr.

KATEGORIE	1	2	3	4	5	6	7	8	9	10	11	12	13	14	15	16	17	18
Ausprägung absolut	3	2	2	4	3	2	3	1	2	4	4	3	2	2	2	5	3	3
Ausprägung relativ		1	2	3	3	2	3	1		3	4	2	2	3	2	4		3
Kundennutzen	2	2	2	3	3	2	1	1		3	1	1	2	1	2	2	2	2
Imitierbarkeit		2	3	3	3	2	2	1	1		4	1	2	3	2		2	2
Zukunftsbedeutung	2	1	1	2	2	2	1	1	1	3	2	1	2	1	2	1	2	2
Ausbaufähigkeit	2	3	2	1	2	4	1	1	1	1	4	1	3	2	2	1	2	2

Kategorie	Anzahl Nennungen (n)	Relative Häufigkeit				
		1	2	3	4	5
Ausprägung absolut	18	6%	39%	33%	17%	6%
Ausprägung relativ	15	13%	33%	40%	13%	0%
Kundennutzen	18	33%	50%	17%	0%	0%
Imitierbarkeit	14	14%	50%	29%	7%	0%
Zukunftsbedeutung	18	44%	50%	6%	0%	0%
Ausbaufähigkeit	18	39%	39%	11%	11%	0%

Abbildung 19: Matrix relativer Häufigkeiten/kumulierte Auswertung

wünschenswert, die vorliegenden Daten hinsichtlich ihrer Streuung zu beurteilen und dann gegebenenfalls von einer Bewertung abzusehen. *Erforderlich* ist eine solche Kontrolle, weil bei dieser Art der Auswertung die Beurteilung einer Ressource in den verschiedenen Kategorien erst *nach* der Aggregation der Einzeldaten erfolgt; um den resultierenden Informationsverlust in dieser frühen Phase des Bewertungsprozesses zu beherrschen, benötigen wir ein Streuungsmaß als Kontrollgröße. *Wünschenswert* ist eine solche Kontrolle, weil sie es ermöglicht, diejenigen Ressourcen zu identifizieren, die von den Teilnehmern besonders kontrovers beurteilt werden. Theoretisch wäre eine solche Filterung auch bei der individuellen Auswertung denkbar; da dort allerdings tendenziell mehr Datenpunkte aufgrund höherer Ansprüche an die Vollständigkeit eines Datensatzes vorab ausgesondert werden, wird die Ermittlung von heterogen beurteilten Ressourcen hier vorgenommen. Durch die breitere Datenbasis bietet sich dabei der Vorteil, nicht nur die jeweilige Ressource zu identifizieren, sondern darüber hinaus noch Angaben bezüglich der Kategorien machen zu können, in denen die Einzelurteile der Befragten stark voneinander abweichen. Dadurch können in einem späteren Schritt im Sinne einer gemeinsamen Sichtweise des Unternehmens insbesondere die Ressourcen, die von den Teilnehmern stark unterschiedlich beurteilt werden, noch einmal genauer analysiert werden.

Nachdem die Gründe für die Verwendung eines Streuungsmaßes erläutert worden sind, muß ein solches Maß nun definiert werden. Für das als Konsistenz bezeichnete Maß wird hier als Betrachtungsebene eine einzelne Kategorie innerhalb einer einzelnen Ressource gewählt. Der Einfachheit halber stellen wir wieder auf die relativen Häufigkeiten je Merkmalsausprägung ab. Hinreichend konsistent soll eine Beurteilung sein, wenn *mindestens 66% aller Antworten auf drei benachbarte Werte der Ordinalskala* entfallen. Als Ausgangspunkt für die Ermittlung der so definierten Konsistenz dient der *Modus*, d.h. der häufigste Wert, der vorliegenden Datenreihe. Liegt der Modus bei den Merkmalsausprägungen 2, 3 oder 4, so werden die relativen Häufigkeiten der nächstliegenden niedrigeren Ausprägung und diejenige der nächsthöheren Ausprägung hinzuaddiert. Liegt der Modus bei den Polen 1 oder 5, so werden zu dessen relativer Häufigkeit die entsprechenden Werte der beiden nächsthöheren bzw. nächstniedrigeren Merkmalsausprägungen addiert. Im Ergebnis liegt somit eine ausreichende Konsistenz der Daten dann vor, wenn mindestens 66% der summierten relativen Häufig-

Schritt 2: Bewertung der Ressourcen 127

keiten auf eine der Wertekombinationen (1,2,3), (2,3,4) oder (3,4,5) entfallen. Trifft dies nicht zu, so ist die entsprechende Kategorie für die weitere Verarbeitung gesondert zu kennzeichnen und die Ressource insgesamt aus der Bewertung herauszunehmen.[202]
Existieren genügend verwendbare Datenpunkte und entsprechen diese den definierten Konsistenzanforderungen, so muß nun ermittelt werden, ob die kumulierte Bewertung als Stärke, Schwäche oder Neutrum hinsichtlich der betrachteten Ressource gilt. Zu diesem Zweck wird hier wiederum ein Mindestanspruch vorgegeben, der sich auf die relativen Häufigkeiten der Merkmalsausprägungen in der betrachteten Kategorie bezieht. Eine Ressource weist dann eine Stärke *in einer Kategorie* auf, wenn die Summe der relativen Häufigkeiten der beiden Ausprägungen 1 und 2 den Wert von 66% erreicht bzw. übersteigt. Um eine Schwäche handelt es sich demgegenüber, wenn dieser Prozentwert von den kumulierten relativen Häufigkeiten der Merkmalsausprägungen 4 und 5 erreicht oder überschritten wird. Diese Kennzahl, die je nach Lage des Modus der Verteilung die addierten relativen Häufigkeiten der Merkmalsausprägungen (1,2) oder (4,5) enthält, wird als *Kategoriendichte* bezeichnet. Letztendlich ist somit das Gesamturteil innerhalb einer Kategorie dann ein Indikator für den *Charakter* einer Ressource als Besonderheit, wenn die vorab definierte Mindestanzahl einbezogener Einzelurteile erreicht wird, die Konsistenz der vorliegenden Datenreihe entsprechend der oben genannten Definition gegeben ist und die Kategoriendichte den festgelegten Mindestanspruch erreicht oder überschreitet.
Sind alle Kategorien der betrachteten Ressource unter Zugrundelegung dieser Vorgaben ausgewertet worden, so kann die bereits bekannte Kombinationslogik angewandt werden, um die derzeitige, die taktische und die strategische Bedeutung der Position insgesamt zu ermitteln. Zur Verdeutlichung dieser Vorgehensweise dient das Schaubild in Abbildung 20, das eine Erweiterung der Abbildung 19 darstellt.[203]
In diesem Beispiel erfüllen die vorhandenen Daten alle Ansprüche bezüglich der Mindestanzahl (n) vorhandener Antworten und bezüglich der Konsistenz. Aus der Kategoriendichte ergibt sich, daß die Ressour-

---

[202] Das hier angewendete Streuungsmaß wurde aus Gründen der Anschaulichkeit gewählt. Bei Benutzung eines der in der Statistik vorhandenen Maße wäre in einem späteren Verfahrensschritt bei der Vermittlung der Prozeßrationalität an die Teilnehmer des Strategieentwicklungsprozesses ein erheblicher Erklärungsmehraufwand erforderlich.
[203] Evt. Rundungsdifferenzen durch Weglassen der Nachkommastellen.

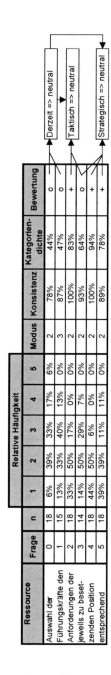

Abbildung 20: Bewertung einer Ressource/kumulierte Auswertung (Details)

ce in den Kategorien Kundennutzen (Nr. 2), Zukunftsbedeutung (Nr. 4) und Ausbaufähigkeit (Nr. 5) den Charakter einer Stärke aufweist. Da allerdings die Beurteilung in allen anderen Kategorien nur neutral ausfällt, handelt es sich bei dieser Ressource insgesamt sowohl derzeit als auch in taktischer und strategischer Hinsicht um eine neutrale Position. Es wird allerdings deutlich, daß aufgrund der hohen Zukunftsbedeutung (94% der Befragten) und der guten Ausbaufähigkeit (78% der Befragten) die strategische Bedeutung dieser Position zu diskutieren wäre, zumal die Einstufung als strategische Stärke nur verhältnismäßig knapp an der Beurteilung der Imitierbarkeit (nur 64% der Befragten glauben, daß eine Stärke hier nachhaltig gegenüber Nachahmern zu verteidigen wäre) scheitert.

Anhand dieses Beispiels sollte deutlich geworden sein, wie innerhalb der Auswertung entsprechend der Logik des kumulierten Verfahrens vorgegangen wird, um zu einem Gesamturteil bezüglich der betrachteten Ressource in den drei Bewertungsebenen zu gelangen.

Es ist an dieser Stelle allerdings davor zu warnen, aufgrund der statistisch orientierten Vorgehensweise bei der kumulierten Auswertung blindlings auf die objektive Richtigkeit der ermittelten Ergebnisse zu vertrauen. Vielmehr ist es notwendig zu erinnern, daß sowohl bei der individuellen als auch bei der kumulierten Auswertung lediglich die Aussagen einer verhältnismäßig kleinen Zahl von Befragten aggregiert werden. Sollten alle Teilnehmer einer kollektiven Täuschung bezüglich bestimmter Ressourcen des Unternehmens unterliegen, so wäre dieser Irrtum nicht mittels des hier vorgestellten Verfahrens aufzudecken; es gilt zu erinnern, daß der Anspruch der hier vorgestellten Methodik darin besteht, ein höheres Maß an Transparenz bezüglich der im Unternehmen existierenden Sichtweisen der Stärken und Schwächen in Gegenwart und Zukunft zu schaffen.

4.5.7 Ergebnisse der Ressourcenbewertung

Nach Beendigung der Ressourcenbewertung in diesem zweiten Schritt in einem Verfahren zur Unternehmensanalyse auf Basis des Resourcebased View liegt nunmehr eine vollständige Bewertung aller Ressourcen vor, die aus Sicht der befragten Mitarbeiter für die Wettbewerbssituation des Unternehmens derzeit und in der Zukunft relevant sind. Um zu einer solchen Beurteilung zu gelangen, werden die in Schritt 1 des Verfahrens ermittelten Ressourcen in Form eines standardisierten Fra-

Ressource Nr.	Bewertung kumuliert			Bewertung individuell		
	Besonderheit	Taktische Position	Strategische Position	Besonderheit	Taktische Position	Strategische Position
1	+	o	o	+	o	o
2	+	o	o	+	o	o
3	o	o	o	o	o	o
4	o	o	o	o	o	o
5	Prüfen	Prüfen	Prüfen	o	o	o
6	o	o	o	-	o	o
7	Prüfen	Prüfen	Prüfen	+	o	o
8	-	o	o	-	o	o
9	-	o	o	-	o	o
10	o	o	o	+	o	o
.	o	o	+	o	o	o
.	o	o	o	o	o	o
.	o	o	o	o	o	o
.	o	o	+	o	o	+

o = neutral; + = Stärke, - = Schwäche

Tabelle 10: Ergebnisse der Ressourcenbewertung

gebogens den Teilnehmern der dort durchgeführten Interviewserie zur Bewertung vorgelegt. Jede Ressource wird dabei von jedem der Befragten in fünf (bzw. sechs) Kategorien unter Zuhilfenahme einer Ordinalskala beurteilt. Die so erhaltenen Daten werden dann unter Bezugnahme auf eine spezifische Kombinationslogik der einzelnen Kategorien so ausgewertet, daß jede einzelne Ressource hinsichtlich ihrer derzeitigen, taktischen und strategischen Bedeutung für das Unternehmen als Stärke, Schwäche oder neutrale Position gekennzeichnet werden kann. Die Tabelle 10 vermittelt einen Eindruck davon, wie eine hochaggregierte Darstellung der ermittelten Ergebnisse zur weiteren Verwendung im Strategieprozeß aussehen kann:

Aus der Tabelle 10 geht hervor, daß in der Ergebnisdarstellung auf eine weitere Aggregation von individueller und kumulierter Auswertung verzichtet wird. Vielmehr werden beide Ebenen separat dargestellt, wobei sich für einige Ressourcen ein Unterschied in der Beurteilung ergibt. So weist beispielsweise die Ressource Nr. 7 in der individuellen Beurteilung derzeit eine besonders starke Ausprägung im Unternehmen auf, während bei der kumulierten Auswertung kein Ergebnis ermittelt wurde. Dort erscheint vielmehr der Hinweis „Prüfen". Er deutet darauf hin, daß bei dieser Position entweder nicht hinreichend viele Einzelurteile in die Bewertung eingeflossen sind, oder aber daß bei einer ausreichenden Zahl von Antworten die Streuung die gesetzten Normen überschreitet. Aus diesem Grunde ist für die Ressource Nr. 7, ebenso wie für die

Schritt 2: Bewertung der Ressourcen

Nr. 5, ein weitergehender Untersuchungs- und damit Diskussionsbedarf vorhanden.

Neben den beiden Ressourcen, die in der kumulierten Auswertung nicht bewertet wurden, gibt es aber auch bei anderen Positionen Abweichungen zwischen den beiden zur Anwendung kommenden Auswertungsverfahren. So wird beispielsweise die Ressource Nr. 6 in der individuellen Variante als derzeit schwach ausgeprägt gekennzeichnet, während sie in der kumulierten Auswertung als neutral beschrieben wird. Ähnliches gilt für die Ressource Nr. 10: individuell als derzeit stark ausgeprägt bewertet, erlangt die Ressource in der kumulierten Variante nur neutralen Status. Zurückzuführen sind diese Differenzen auf den unterschiedlichen Umfang der in die Auswertung einbezogenen Daten. Wie bereits erläutert, kann bei der individuellen Auswertung bereits durch das Fehlen einer Antwort in ein oder zwei Kategorien der gesamte Datensatz für die weitere Verwendung unbrauchbar werden. Demgegenüber wirken sich fehlende Angaben bei der kumulierten Methode nur auf die jeweils betroffene Kategorie aus, alle anderen Daten werden unabhängig davon weiterverwendet. Aus diesem Grunde ist es sinnvoll, insgesamt *den Resultaten der kumulierten Vorgehensweise die höhere Aussagekraft beizumessen*. Darüber hinaus sollten abweichend beurteilte Ressourcen weitergehend untersucht werden, um festzustellen, ob die beobachtete Diskrepanz auf ein größeres Maß fehlender Angaben zurückzuführen ist. In diesem Falle sollten die betreffenden Ressourcen für eine spätere Diskussion im nächsten Schritt des Verfahrens vorgemerkt werden.

Neben der dargestellten Form der Ergebnisaufbereitung ist es sinnvoll, weitergehende Übersichten mit detaillierten Angaben zu den jeweils ermittelten relativen Häufigkeiten und den in die Gesamtbewertung einfließenden Einzelurteilen anzufertigen. Dadurch kann gewährleistet werden, daß die Informationsvielfalt der erhobenen Daten nicht über Gebühr beschnitten wird und so eine fundierte Analyse der Ergebnisse möglich bleibt.

Am Ende dieses zweiten Schrittes im Verfahren zur ressourcenorientierten Unternehmensanalyse liegt nun die vollständig bewertete und beschriebene Ressourcenposition des Unternehmens in aufbereiteter Form vor. Aus ihr läßt sich ablesen, welche Ressourcen in der Einschätzung der beteiligten Mitarbeiter für den Wettbewerbserfolg des Unternehmens relevant sind, welche dieser Positionen sich derzeit tatsächlich im Portfolio der Organisation befinden und wie die zukünftige Bedeutung dieser Elemente in taktischer und strategischer Hinsicht bewertet wird. Nach der direkt anschließenden Beschreibung der praktischen Erfahrungen dieses zweiten Prozeßschrittes im Rahmen der Fallstudie wird im übernächsten Abschnitt dann auf die Rückkoppelung der Untersuchungsergebnisse in den übergeordneten Gesamtkontext der Strategieentwicklung eingegangen.

4.6 Fallstudie – Die Bewertung des ermittelten Ressourcenportfolios

Wie bereits im vorhergehenden Kapitel beschrieben, besteht das Ziel dieses zweiten Verfahrensschrittes darin, die ermittelten Ressourcen hinsichtlich ihrer Bedeutung für die Wettbewerbsposition des betrachteten Unternehmens zu bewerten.

Im Kontext des hier vorgestellten Strategieentwicklungsprozesses bedeutete dies, im Anschluß an die Auswertung der in Schritt 1 geführten Interviews die dabei ermittelten Ressourcen per Fragebogen von den Teilnehmern beurteilen zu lassen. Diese Fragebogenaktion, bei der den Teilnehmern der Interviews eine Frist von zwei Wochen zur Beantwortung des Bogens eingeräumt wurde, begann aufgrund der Notwendigkeit zeitlicher Nähe bereits sieben Tage nach Abschluß der Interviewserie, mithin unmittelbar nach Beendigung der entsprechenden Interviewauswertungen.

Der per Post versandte Fragebogen wurde ergänzt sowohl durch ein persönliches Anschreiben, in dem noch einmal auf die Bedeutung der zu erhebenden Einschätzungen hingewiesen wurde, als auch durch eine Anleitung zum Ausfüllen des Fragebogens. Letztere enthielt eine genaue Beschreibung des Aufbaus, spezifische Erläuterungen zu den konkret gestellten Fragen sowie generelle Hinweise zur Bearbeitung des Bogens.

Der Fragebogen war untergliedert in fünf Teile: ein Abschnitt beinhaltete die Ressourcen auf Gesamtunternehmensebene, jeweils ein weiterer Abschnitt bezog sich auf die Ressourcen einer spezifischen Unternehmenssparte. Jede einzelne Position wurde nach demselben Schema in den fünf im Theorieteil entwickelten Kategorien auf einer Ordinalskala mit den Werten 1-5 bewertet. Ein Ausweichfeld zur Indikation einer nicht möglichen Bewertung wurde ebenso vorgegeben wie ein Feld zur stichwortartigen Niederlegung weiterer Anmerkungen.

	Kumulierte Auswertung	Individuelle Auswertung
Derzeit - stark ausgeprägt - schwach ausgeprägt	15 Ressourcen 8 Ressourcen	18 Ressourcen 8 Ressourcen
Taktisch - Stärke - Schwäche	4 Ressourcen 1 Ressourcen	3 Ressourcen 1 Ressourcen
Strategisch - Stärke - Schwäche	10 Ressourcen —	7 Ressourcen —

Tabelle 11: Anzahl besonderer Ressourcen des Unternehmens nach Bewertungsebenen

Insgesamt wurde eine Rücklaufquote von ca. 86% erreicht. Dies erschien ausreichend, um das benötigte Maß an Verläßlichkeit der abzuleitenden Ergebnisse zu gewährleisten.

Zur computerunterstützten Auswertung der bearbeiteten Fragebögen wurden die Daten in ein Tabellenkalkulationsprogramm übertragen. Dabei wurde deutlich, daß die einzelnen Teilnehmer ihre Angaben durchaus realistisch gemacht hatten. Während die Bewertung der Ressourcen des Gesamtunternehmens von den Teilnehmern zum großen Teil vollständig vorgenommen werden konnte, kamen bei der Beurteilung der spartenspezifischen Positionen die erwarteten Informationsasymmetrien zum Vorschein: in diesem Bereich enthielten viele Fragebögen nur Angaben zu einer Teilmenge der Sparten. Dadurch wurde zwar einerseits die zur Auswertung vorliegende Datenmenge geringer; andererseits konnte dieser Sachverhalt jedoch als positiver Indikator für die Qualität der erhobenen Daten gewertet werden, da nur diejenigen Teilnehmer Angaben gemacht hatten, die sich eine entsprechende Beurteilung selber zutrauten.

Nach Auswertung der Fragebögen entsprechend den Methoden der individuellen und der kumulierten Vorgehensweise ergab sich hinsichtlich der insgesamt zur Bewertung anstehenden 73 Ressourcen des Unternehmens das in der Tabelle 9 wiedergegebene Bild.

Insgesamt handelt es sich bei den in der Tabelle dargestellten Elementen um 33 Ressourcen;[204] die verbleibenden 40 Positionen wurden sowohl der individuellen als auch der kumulierten Methodik entsprechend als neutral bewertet.

Wie aus der Analyse der Detailergebnisse hervorging, wurden als die größten Stärken des Unternehmens das fachbezogene Know-How im Geschäftsfeld 2 sowie der Umfang der Produktpalette im Geschäftsfeld 3 ermittelt. Beide Elemente wurden sowohl in der individuellen als auch in der kumulierten Auswertung als derzeit stark ausgeprägt, als taktische und als strategische Stärken des Unternehmens bezeichnet. Eine ähnliche Bewertung erhielten das fachbezogene Know-How sowie die Branchenkenntnis (Kunden/Wettbewerber) im Geschäftsfeld 3; dort wurde den beiden genannten Ressourcen lediglich in der individuellen Auswertung nicht die Eigenschaft einer taktischen Stärke zugeschrieben. Insgesamt stellte sich also heraus, daß von den vier größten Stärken des untersuchten Unternehmens drei auf das Geschäftsfeld 3 entfielen.

Ein anderes Bild ergab sich bei der Untersuchung der Schwächen des Unternehmens. Zunächst fiel auf, daß nur eine Ressource in taktischer und keine in strategischer Hinsicht als Schwächen beurteilt wurden. Zwar wurde einigen Elementen eine derzeit schwache Ausprägung im Unternehmen bescheinigt; da diese Positionen jedoch zusätzlich als taktisch und strategisch neutral bewertet wurden, war hierin kein anhaltender Nachteil für das Unternehmen zu sehen.

Bei näherer Betrachtung der derzeit schwach ausgeprägten Ressourcen wurde deutlich, daß diese ausschließlich auf der Ebene des Gesamtunternehmens sowie jeweils im größten und im kleinsten Geschäftsfeld auftraten. Damit ließ sich als ein über die Bewertung der einzelnen Ressourcenpositionen hinausreichendes Ergebnis der Unternehmensanalyse festhalten, daß auch die einzelnen Geschäftsfelder des Unternehmens qualitativ beurteilt werden konnten: die größten Stärken des Unternehmens entfielen insbesondere auf das Geschäftsfeld 3, während sowohl das größte (GF 1) als auch das kleinste Feld (GF4) mit derzeit bzw. taktisch schwach ausgeprägten Ressourcen in Verbindung gebracht wurden.

Neben der Ermittlung der Ressourcen, die mit einem Werturteil innerhalb der drei Bewertungsebenen versehen werden konnten, war es

---

[204]Der Logik des angewendeten Verfahrens entsprechend sind Mehrfachnennungen möglich.

im Zuge der Auswertung der Fragebögen möglich, diejenigen Elemente zu identifizieren, die aufgrund einer sehr uneinheitlichen Beurteilung weitere Diskussionen innerhalb des Teilnehmerkreises erforderten. Um eine solche Diskussion mit dem Ziel der Beförderung einer gemeinsamen Sichtweise des Unternehmens möglichst effizient führen zu können, wurde hinsichtlich jeder betreffenden Ressource die Kategorie identifiziert, in der eine hohe Streuung bei der kumulierten Auswertung als Auslöser des Diskussionsbedarfs auftrat. So konnte beispielsweise ermittelt werden, daß die Ausweitung der bisher regionalen Aktivitäten im Geschäftsfeld 1 auf die nationale Ebene hinsichtlich der Bedeutung dieses Schrittes für die bestehenden Kunden kontrovers beurteilt wurde, ebenso wie die Relevanz von Kooperationen mit Subunternehmern für den zukünftigen Wettbewerbserfolg im kleinsten und noch in der Integrationsphase befindlichen Geschäftsfeld 4.

Um jedem Teilnehmer des Strategieprozesses die Auseinandersetzung mit den Ergebnissen der Unternehmensanalyse zu ermöglichen, wurden die entsprechenden Unterlagen allen betreffenden Mitarbeitern zugänglich gemacht.[205] Neben aggregierten Übersichten, aus denen die Beurteilung der Ressourcen in den einzelnen Bewertungsebenen hervorging, wurden dabei auch Listen mit Detailergebnissen beigefügt. Diese ermöglichten es, die *subjektive Sichtweise* bestimmter Ressourcenpositionen dahingehend zu untersuchen, inwieweit sie von anderen Teilnehmern des Strategieprozesses geteilt wurden. Dadurch wurde es für jeden einzelnen Mitarbeiter möglich, seine Sichtweise des Unternehmens mit der ermittelten Gesamtperspektive abzugleichen und im Falle von Abweichungen gegebenenfalls entsprechende Diskussionen auszulösen. Einen Auszug aus der detaillierten Bewertungsübersicht stellt Tabelle 12 dar.[206]

Zum besseren Verständnis der in Tabelle 12 dargestellten Ergebnisse sind zwei Dinge zu berücksichtigen. Zunächst muß festgestellt werden, daß es sich bei der Beschreibung der Ressourcen nur um eine Kurznennung handelte. Dabei ging es nicht um eine unzulässige Verkürzung der im Fragebogen enthaltenen und letztendlich bewerteten Beschreibung; vielmehr lag die vollständige und ausführliche Erläuterung jeder Position dem an die Teilnehmer ausgehändigten Ergebnis-Paket bei und

---

[205] Die Vorstellung der Ergebnisse erfolgte im Rahmen eines Workshops, der im folgenden Teil des Buches näher beschrieben wird.

[206] Aufgrund von Rundungsdifferenzen können einzelne Werte bei Nachrechnung leicht abweichen.

Ressource Nr.	Kategorie	Anzahl Nennungen (n)	Relative Häufigkeit 1	2	3	4	5	Modus	Konsistenz	Kategorien-dichte	Bewertung		T	S
113 Ausschöpfung des vorhandenen Kundenpotentials hinsichtlich der vom Unternehmen angebotenen Leistungen	Ausprägung absolut	15	0%	7%	53%	20%	20%	3	80%	40%	**113**	B	o	S
	Ausprägung relativ	13	0%	15%	54%	23%	8%	3	92%	31%	kum.	o	o	o
	Kundennutzen	17	0%	53%	24%	18%	6%	2	76%	53%	kum.	80%	80%	76%
	Imitierbarkeit	14	7%	36%	43%	14%	0%	3	93%	43%	ind.	o	o	o
	Zukunftsbedeutung	17	24%	59%	18%	0%	0%	2	100%	82%	ind.	58%	92%	60%
	Ausbaufähigkeit	15	27%	60%	13%	0%	0%	2	100%	87%				
114 Bindung der bestehenden Kunden an das Unternehmen durch eine den Kundenwünschen entsprechende Betreuung	Ausprägung absolut	17	12%	18%	41%	29%	0%	3	88%	29%	**114**	B	T	S
	Ausprägung relativ	15	7%	33%	40%	20%	0%	3	93%	40%	kum.	o	o	+
	Kundennutzen	18	44%	56%	0%	0%	0%	2	100%	100%	kum.	88%	56%	69%
	Imitierbarkeit	16	19%	50%	19%	0%	0%	2	88%	69%	ind.	+	o	o
	Zukunftsbedeutung	18	50%	50%	0%	0%	0%	2	100%	100%	ind.	33%	62%	69%
	Ausbaufähigkeit	17	35%	47%	6%	12%	0%	2	88%	82%				
115 Effiziente Marktbearbeitung durch sinnvolle Unterteilung in Kundengruppen (Marktsegmentierung)	Ausprägung absolut	15	0%	0%	33%	47%	20%	4	100%	67%	**115**	B	-	S
	Ausprägung relativ	9	0%	0%	56%	22%	22%	3	78%	44%	kum.	-	o	o
	Kundennutzen	12	8%	25%	33%	25%	8%	3	83%	33%	kum.	44%	78%	71%
	Imitierbarkeit	10	0%	10%	40%	40%	10%	3	90%	50%	ind.	o	o	o
	Zukunftsbedeutung	14	29%	50%	21%	0%	0%	2	100%	79%	ind.	43%	100%	88%
	Ausbaufähigkeit	15	20%	67%	7%	0%	7%	2	93%	87%				
116 Gewinnung neuer Kunden für das Unternehmen	Ausprägung absolut	18	0%	22%	22%	44%	11%	4	78%	56%	**116**	B	T	S
	Ausprägung relativ	17	0%	6%	53%	41%	0%	3	100%	41%	kum.	o	o	o
	Kundennutzen	12	0%	17%	42%	33%	8%	3	92%	42%	kum.	89%	89%	44%
	Imitierbarkeit	15	7%	40%	40%	13%	0%	3	93%	47%	ind.	o	o	o
	Zukunftsbedeutung	18	56%	39%	6%	0%	0%	1	100%	94%	ind.	14%	100%	62%
	Ausbaufähigkeit	17	35%	47%	18%	0%	0%	2	100%	82%				
123 Gute Kapitalausstattung, Liquidität und Ertragskraft des Unternehmens	Ausprägung absolut	15	60%	33%	7%	0%	0%	1	100%	93%	**123**	B	T	S
	Ausprägung relativ	15	60%	40%	0%	0%	0%	1	100%	100%	kum.	+	o	+
	Kundennutzen	14	14%	29%	36%	21%	0%	3	86%	43%	kum.	93%	40%	67%
	Imitierbarkeit	14	57%	29%	7%	7%	0%	1	93%	86%	ind.	+	o	o
	Zukunftsbedeutung	15	27%	40%	7%	27%	0%	2	73%	67%	ind.	100%	58%	42%
	Ausbaufähigkeit	15	7%	27%	20%	27%	20%	4	67%	47%				
124 Nutzung cer Flexibilität des Unternehmens, die sich aus der unabhängigen Eigentümerstruktur ergibt	Ausprägung absolut	14	7%	64%	29%	0%	0%	2	100%	71%	**124**	B	T	S
	Ausprägung relativ	13	15%	54%	23%	8%	0%	2	92%	69%	kum.	+	o	o
	Kundennutzen	15	7%	40%	40%	13%	0%	2	87%	47%	kum.	69%	85%	86%
	Imitierbarkeit	14	14%	50%	29%	7%	0%	2	93%	64%	ind.	+	o	o
	Zukunftsbedeutung	14	7%	57%	29%	7%	0%	2	93%	64%	ind.	80%	58%	50%
	Ausbaufähigkeit	13	8%	8%	46%	15%	23%	3	69%	38%				

Tabelle 12: Detaillierte Ressourcenbewertung

konnte so jederzeit bei Bedarf hinzugezogen werden. Diese Verkürzung wurde vorgenommen, um die Ergebnistabelle übersichtlicher und einfacher zu gestalten, um so schneller ein Verständnis der wesentlichen Untersuchungsergebnisse zu ermöglichen. Ein zweiter wichtiger Punkt betrifft die Zusammenfassung der jeweiligen Ergebnisse im rechten Teil der Tabelle. Neben der durch Symbole gekennzeichneten Charakteristik einer Ressource in der jeweiligen Betrachtungsebene als neutral, Stärke oder Schwäche sind auch die Prozentzahlen der jeweils schwächsten Beurteilung in einer der betreffenden Kategorien angegeben. Für die Ressource Nr. 114 bedeutete dies beispielsweise in der kumulierten Auswertung als strategische Stärke, daß die Kategorie mit der geringsten Unterstützung für diese Bewertung die der Imitierbarkeit war; lediglich 69% der Befragten waren der Meinung, daß diese spezifische Ressource von Wettbewerbern schwer oder relativ schwer nachzuahmen sei. In diesem Sinne bildet der jeweilige Prozentwert unterhalb der Bewertung einen zusätzlichen Indikator für die Übereinstimmung zwischen den Befragten bezüglich der Beurteilung einer spezifischen Ressourcenposition.

Um weitere Diskussionen anzuregen, wurde den Teilnehmern ebenfalls eine Liste mit den in den Fragebögen eingetragenen Anmerkungen ausgehändigt. Im Falle des betrachteten Unternehmens wurden hier zum Teil Entwicklungstendenzen hinsichtlich der Ausprägung bestimmter Ressourcen thematisiert, die Gegenstand weiterer Erörterungen sein können; eine besonders scharf formulierte Anmerkung kritisierte beispielsweise die soziale Kompetenz auf der Ebene der Niederlassungsleiter.

Zusammenfassend läßt sich festhalten, daß anhand der Fragebogenaktion eine vollständige Bewertung der Ressourcenposition des Unternehmens erfolgte. Dabei konnten nicht nur die einzelnen Elemente separat in den drei Bewertungsebenen beurteilt werden, sondern es ließen sich darüber hinaus auch Aussagen bezüglich einzelner Geschäftsfelder des Unternehmens treffen. Des weiteren konnten die Ressourcen identifiziert werden, deren Bewertung im Zuge der Schaffung einer einheitlichen Unternehmensperspektive auf seiten der Mitarbeiter noch weitere Diskussionen erforderte. In dieser Hinsicht waren auch die in den Fragebögen enthaltenen Anmerkungen von Bedeutung und wurden aus diesem Grunde zur Vervollständigung den Ergebnisunterlagen beigefügt.

Wie die ermittelten Stärken und Schwächen des Unternehmens in taktischer und strategischer Hinsicht nun konkret Eingang in den weiteren Strategieentwicklungsprozeß fanden, wird im Anschluß an die theoretischen Erläuterungen des nun folgenden Kapitels zu diesem Thema beschrieben.

4.7 Schritt 3: Verzahnung mit der Umfeldanalyse

Die im folgenden dargestellte Rückkoppelung der Ergebnisse der ressourcenorientierten Unternehmensanalyse in den Strategieentwicklungsprozeß der Organisation richtet sich wiederum an die in den Schritten 1 und 2 des angewendeten Verfahrens definierte Personengruppe. Wie bereits mehrfach erwähnt, handelt es sich bei dieser Gruppe um diejenigen Mitarbeiter des Unternehmens, die sowohl über die für die Strategiearbeit notwendigen Kenntnisse verfügen als auch hinsichtlich der Strategieumsetzung eine entscheidende Rolle spielen. Insbesondere der letztgenannte Punkt macht es notwendig, die ermittelten Resultate nicht nur allen an Interviewserie und Fragebogenaktion beteiligten Personen offenzulegen, sondern auch über das Verständnis der angewendeten Verfahrensweisen und Prozeßlogiken eine richtige Interpretation der Ergebnisse zu ermöglichen.[207] Nur durch die glaubhafte Vermittlung einer solchen „Prozeßrationalität" kann die für die weitere Verwendung der Untersuchungsergebnisse notwendige Vertrauensbasis geschaffen werden.[208] Es gilt an dieser Stelle zu erinnern, daß die vorgenommenen Untersuchungen einer Expertenbefragung nach der Delphi-Methode[209] ähneln, bei der die Resultate eher ein intersubjektives Meinungsbild widerspiegeln als objektiv nachprüfbare Sachverhalte.

Hinsichtlich der Interpretation der vorliegenden Ergebnisse ist besonders auf die Gefahr von Fehlschlüssen hinzuweisen, die bei unvollständigem Verständnis der zugrundeliegenden Konzepte und Definitionen droht. Dies trifft vor allem auf die Teilung der Ressourcenbeurteilung in drei Bewertungsebenen zu, weshalb hier einige der möglichen Mißverständnisse kurz skizziert werden sollen.

Hinsichtlich der *strategischen* Beurteilung einer Ressource kann der Eindruck entstehen, daß eine Stärke des Unternehmens in dieser Bewertungsebene lediglich eine Fortschreibung der derzeitigen Situation erfordert. Dies ist aber *nur dann* der Fall, wenn die betreffende Ressource

---
[207]Vgl. Reid, D.M.: „Operationalizing Strategic Planning", a.a.O., S. 557.
[208]Vgl. Eden, C.; Ackermann, F.: „Making Strategy", a.a.O., S. 55 f.
[209]Zum Begriff siehe Bea, F.X.; Haas, J.: „Strategisches Management", a.a.O., S. 259.

Schritt 3: Verzahnung mit der Umfeldanalyse

auch in der *derzeitigen* Beurteilung als besonders stark ausgeprägt gilt. Trifft dies nicht zu, so beinhaltet die Bewertung als strategische Stärke lediglich einen Optionscharakter in dem Sinne, als daß das Unternehmen diese Position besser ausbauen kann als die relevanten Wettbewerber. Nur durch solch einen gezielten Ausbau der Ressource kann die Stärke also realisiert werden, nicht jedoch durch die bloße Fortschreibung des Status quo.

Die Möglichkeit eines weiteren Fehlschlusses ist in der Interpretation der *derzeitigen Ausprägung* einer Ressource enthalten. Hier könnte der Eindruck entstehen, daß eine schwache Ausprägung zum Anlaß genommen werden muß, über einen Ausbau der betreffenden Position in der Zukunft zumindest eine neutrale Bewertung zu erreichen, um nicht in eine nachteilige Wettbewerbsposition zu gelangen bzw. in einer solchen zu verharren. Hierzu muß angemerkt werden, daß die Beurteilung der Ressourcen in der Ebene der derzeitigen Ausprägung noch keinerlei Schluß auf die Vor- oder Nachteile derartiger Besonderheiten für die Wettbewerbsposition des Unternehmens zuläßt. Erst in der taktischen Beurteilung ermöglicht es die Einbindung der Kategorie „Kundennutzen", die starke oder schwache Ausprägung einer Ressource in Hinblick auf den potentiellen Markterfolg als Stärke oder Schwäche des Unternehmens zu interpretieren. Kurzum: die besondere Ausprägung einer Ressource kann in der derzeitigen Betrachtung weder einen Vor- noch einen Nachteil für das betrachtete Unternehmen konstituieren, wenn nicht zusätzlich die Marktbedeutung der Position betrachtet wird.

Aus dem Gesagten wird deutlich, daß die Forderung nach einer abschließenden Diskussion der Untersuchungsergebnisse mit den Teilnehmern der Datenerhebung besondere Relevanz erhält. Dabei geht es hier konkret darum, Fragen hinsichtlich des Methodenverständnisses und der zugrundeliegenden theoretischen Konzepte so zu beantworten, daß eine richtige Interpretation der Ergebnisse durch die Teilnehmer des Strategieprozesses gesichert wird. Darüber hinaus muß ein solcher Diskussionsprozeß aber auch dazu dienen, die innerhalb der Gruppe der Befragten existierenden Abweichungen bezüglich der Beurteilung einzelner Ressourcen zu thematisieren und durch den Abbau der Bewertungsunterschiede zu einer gemeinsamen Sichtweise des Unternehmens als Grundlage der weiteren Strategiearbeit zu gelangen. Beide Zielsetzungen lassen sich nur realisieren, wenn die Diskussion der Ergebnisse ein Höchstmaß an Interaktion sowohl zwischen dem die Untersuchung Leitenden, z.B. einem externen Berater, und den Befragten als auch zwischen den Befragten untereinander ermöglicht.[210] Aus diesem Grunde wird als angemessene Form einer solchen Ergebnisdiskussion hier die Arbeitsform des Workshop betrachtet. Im Rahmen einer solchen Gruppendiskussion mit allen Beteiligten des Strategieprozesses ist es für die Mitarbeiter des untersuchten Unternehmens möglich, ihre jeweils subjektive Sichtweise der Organisation mit der Perspektive der anwesenden Gruppe abzugleichen. Die dabei notwendigerweise auftretenden Abweichungen können als „Grundreiz"[211] für einen Meinungsbildungsprozeß genutzt werden, in dem aufgrund des vorgegebenen Diskussionsgegenstandes und des einheitlichen Erfahrungshintergrundes der Gruppenmitglieder gute Ergebnisse hinsichtlich der Formierung einer gemeinsamen Unternehmenssichtweise erwartet werden können.[212] Auf deren Grundlage können dann die Ergebnisse der Unternehmensanalyse für die weitere Strategiearbeit genutzt werden.[213]

Nachdem nun geklärt wurde, daß es zur Ergebnisnutzung zunächst erforderlich ist, den relevanten Kreis der Mitarbeiter zur richtigen Interpretation der Resultate zu befähigen und anschließend die kontrovers beurteilten Ressourcen im Rahmen einer Gruppendiskussion einem kollektiven Meinungsbildungsprozeß zuzuführen, muß im folgenden beschrieben werden, wie die ermittelten Ergebnisse für die Entwicklung einer zukünftigen Unternehmensstrategie genutzt werden können. Prinzipiell sind hierfür zwei verschiedene Herangehensweisen denkbar: Zum einen kann der Versuch unternommen werden, ausgehend von den besonderen Stärken des Unternehmens Handlungsoptionen zu entwickeln, also die Ressourcenbasis zur Ableitung strategischer Alternativen zu nutzen; diese sind dann anschließend im Sinne einer Integration mit den Ergebnissen einer komplementär durchgeführten Umfeldanalyse auf ihre potentiellen Erfolgschancen hin zu untersuchen.

Daneben bietet sich die Möglichkeit, zunächst strategische Alternativen des Unternehmens anhand der in der Umfeldanalyse ermittelten

---

[210] Zur Stellung der Gruppendiskussion innerhalb der Sozialforschung siehe Friedrichs, J.: „Methoden empirischer Sozialforschung", a.a.O., S. 246 ff.
[211] Ebda.
[212] Zum Zusammenhang zwischen Gruppendiskussion und Milieuzugehörigkeit (im Sinne eines gemeinsamen Relevanzsystems) siehe Bohnsack, R.: „Rekonstruktive Sozialforschung", S. 108 f.
[213] „Die Schwierigkeit liegt nicht in der Vorstellung individueller Antworten, sondern in der Schaffung einer gemeinsamen Sichtweise. Ohne einen solchen gemeinsamen Zweck wird es immer die Tendenz der einen oder anderen Fraktion geben, in eine andere Richtung zu ziehen als der Rest, was zu suboptimaler Leistung führen wird."; in: Reid, D.M.: „Operationalizing Strategic Planning", a.a.O., S. 561 f.

Erfolgsfaktoren und Trends zu entwickeln. Diese „marktgetriebenen" Optionen sind anschließend mit der Ressourcenbasis des Unternehmens abzugleichen, um sowohl die Realisierbarkeit als auch die Nachhaltigkeit der einzelnen Alternativen für die betrachtete Organisation zu ermitteln.

Diese beiden Optionen zur Nutzung der Untersuchungsergebnisse sind bereits in Kapitel 2.4 auf Ebene der Theorie diskutiert worden. Die dortigen Überlegungen endeten mit dem Schluss, daß der Startpunkt zur Ableitung strategischer Handlungsoptionen in den Ergebnissen der Umfeldanalyse gesehen werden muß. Nur durch eine solche Vorgehensweise wird sichergestellt, daß auch diejenigen Optionen berücksichtigt werden, die trotz derzeit fehlender Ressourcen erfolgversprechend sein könnten. Dadurch wird das breite Feld solcher Handlungsalternativen mit in die Entscheidungsfindung einbezogen, die erst durch eine dynamische Weiterentwicklung der bestehenden Ressourcenposition des Unternehmens realisierbar werden.

Im folgenden Kapitel wird nun dargestellt, wie im Rahmen des in der Fallstudie vorgestellten Strategieentwicklungsprozesses die Ableitung strategischer Handlungsoptionen auf Basis der Integration von Unternehmens- und Umfeldanalyse erfolgt ist.

4.8 Fallstudie – Die Rückkoppelung der Untersuchungsergebnisse

Die bei den theoretischen Erläuterungen zur Rückkoppelung der Untersuchungsergebnisse erläuterten Aspekte wurden im Rahmen der praktischen Anwendung der hier vorgestellten Methodik zur Strategieentwicklung umgesetzt. Dies geschah, indem zunächst die Ergebnisse der in Kapitel 4.6 beschriebenen Fragebogenaktion den Teilnehmern des Strategieprozesses zu Beginn eines zweitägigen Workshops vorgestellt wurden. Bis zu diesem Verfahrensschritt waren die Teilnehmer nur sehr allgemein über das zur Anwendung kommende Konzept informiert worden; eine genauere Unterrichtung war bis dahin unterblieben, um die Möglichkeiten zur politischen Einflußnahme so gering wie möglich zu halten. Im Zuge der Ergebnisnutzung war es nun allerdings geboten, dieses Informationsdefizit zu überwinden. Zu diesem Zweck wurde zunächst die Unternehmensanalyse im Gesamtkontext des übergeordneten Strategieprozesses verortet; daran anschließend wurde auf die Besonderheiten der ressourcenorientierten Sichtweise eingegangen. Insbesondere die in der Interviewserie benutzte Vorgehensweise zur Ressourcenidentifikation sowie die Ableitung von Bewertungen aus den mittels Fragebogen erhobenen Daten standen im Mittelpunkt der Erläuterungen.

Einen weiteren Inhalt der Präsentation bildeten die in den Interviews erhaltenen besonderen Informationen, die während der Einzelgespräche gesammelt und aufgrund ihrer Bedeutung für den gesamten Strategieprozeß an dieser Stelle mit eingebracht wurden. Konkret handelte es sich dabei beispielsweise um Sachverhalte aus dem Geschäftsfeld 3; in diesem Bereich wurde von einigen Interviewteilnehmern über ein sich rasch änderndes Wettbewerbsumfeld berichtet, in dem verstärkt neue Konkurrenten auf den Markt drängen und wo sich darüber hinaus eine rasche inhaltliche Veränderung hin zu komplexen, neuen Technologien vollzog. Aus diesen Gründen war besonders in diesem Geschäftsfeld das Bedürfnis nach strategischer Orientierung spürbar, weil die genannten Entwicklungen mittelfristig als eine Bedrohung der eigenen Wettbewerbsfähigkeit wahrgenommen wurden. Neben diesen besonderen Informationen bezüglich des drittgrößten Geschäftsfeldes wurde den Teilnehmern der in der gesamten Interviewserie wahrgenommene Effekt einer „dominant logic", also einer das Verständnis des Unternehmens prägenden, vorherrschenden Perspektive aufgezeigt. In der überwiegenden Zahl der Gespräche entstand der Eindruck, bei dem betrachteten Unternehmen handele es sich aus Sicht der Mitarbeiter ausschließlich um einen Anbieter im Bereich des mit Abstand größten und somit dominanten Geschäftsfeldes. Auch bei der Beantwortung der auf das Gesamtunternehmen bezogenen Fragen wurde das kleinste, noch in der Integration befindliche Geschäftsfeld nur sehr selten mitgedacht; einzige Ausnahme bildeten hier selbstverständlich die interviewten Mitarbeiter dieses Bereichs. Von der Beschreibung dieses Sachverhalts wurde die Brücke geschlagen hin zur Darstellung der derzeitigen strategischen Ausrichtung des Unternehmens. Dabei zeichnete sich folgender Widerspruch ab: einerseits schien das Unternehmen im Zuge der regionalen Expansion durch den Aufkauf anderer Unternehmen der Branche die Wertschöpfung des größten Geschäftsfeldes als Unternehmensschwerpunkt etablieren zu wollen; andererseits wurde durch den Zukauf des kleinsten Geschäftsfeldes der Wille demonstriert, die vorhandene Kundenbasis verstärkt mit weiteren Dienstleistungen aus der Hand des Unternehmens durchdringen zu wollen. Die Aufdeckung dieser beiden Entwicklungslinien führte, neben der beabsichtigten Standortbestimmung, auch noch einmal zur Verdeutlichung der Notwendigkeit strategischer Orientierungsfindung für das Unternehmen insgesamt.

Nach Abschluß der Präsentation und der Beantwortung von Verständnisfragen wurden den Mitarbeitern die Ergebnisse der Unternehmensanalyse zugänglich gemacht und ihnen Zeit gegeben, sich in die Unterlagen einzuarbeiten.

Anschließend begann die Phase der konkreten Ergebnisnutzung. Dazu wurden zunächst in kreativer Kleingruppenarbeit anhand der in der Umfeldanalyse ermittelten Trends neue strategische Handlungsalternativen für das Unternehmen entwickelt. Dabei wurden erwartungsgemäß viele neue Möglichkeiten aufgeworfen, die einen sehr offenen Umgang mit den ermittelten Trends widerspiegelten. Als eine Option wurde beispielsweise die eigene Differenzierung als Dienstleister im qualitativ hochwertigen Marktsegment benannt: da in der Kundenwahrnehmung die Faktoren Qualität und Preis-Leistungs-Verhältnis eine große Rolle spielten, wäre eine solche Positionierung durch eine kundenspezifische Auswahl von Mitarbeitern mit dem angeforderten Qualifikationspotential denkbar (Ort der Leistungserbringung sind die Geschäftsräume der Kunden). Des weiteren wurde als Möglichkeit einer neuen strategischen Orientierung gesehen, das Angebot der bisher ausschließlich für Firmenkunden erbrachten Dienstleistungen auf Privatkunden zu erweitern. Hierdurch würde es dem Unternehmen ermöglicht, das im Umgang mit den Firmenkunden erworbene Know-How auf einen neuen Kreis von Kunden anzuwenden und somit den relevanten Markt massiv auszudehnen.

Neben den genannten wurde noch eine Anzahl weiterer strategischer Handlungsalternativen für das Unternehmen entwickelt, die unter Berücksichtigung der existierenden Trends einen gangbaren Weg für die zukünftige Orientierung des Unternehmens darzustellen schienen. Inwieweit diese Alternativen wirklich realisierbare Optionen beinhalteten, wurde nun anschließend durch einen Abgleich der verschiedenen Ideen mit der bewerteten Ressourcenposition des Unternehmens ermittelt.

Zu diesem Zweck wurden zunächst alle in den Kleingruppen entwickelten Ideen auf einem Übersichtschart zusammengefaßt. Darauf aufbauend bestand nun die Aufgabe der Kleingruppen darin, zu jeder der entwickelten strategischen Optionen diejenigen Ressourcenpositionen zu ermitteln, deren Vorhandensein für die tatsächliche Realisierung der möglichen Handlungsalternativen erforderlich wäre. Im allgemeinen konnten die entsprechenden Zuordnungen wie erwartet ohne größere Probleme vorgenommen werden. Es wurde allerdings deutlich, daß noch weitere Verständnisfragen bezüglich der angewendeten Methodik der Ressourcenermittlung und -bewertung bestanden, die aufgrund des nun kleineren Gruppenumfangs gezielter beantwortet werden konnten.

Die geschilderte Vorgehensweise macht deutlich, wie die Ergebnisse der Umwelt- und der Unternehmensanalyse bei der Untersuchung der verschiedenen strategischen Handlungsalternativen zusammengeführt und mit weiteren, spezifischen Elementen angereichert wurden. Diese Methodik wurde auf alle Optionen angewendet, so daß letztendlich jede Idee mit allen relevanten Aspekten zur weiteren Nutzung im Strategieprozeß in einem Protokoll aufgezeichnet und damit für die weitere Strategiearbeit nutzbar gemacht werden konnte.

Der beschriebene Abgleich von strategischen Handlungsalternativen mit dem bewerteten Ressourcenportfolio wurde von den Teilnehmern auch noch einmal zum Anlaß genommen, untereinander über die Bewertungsergebnisse zu diskutieren. So wurde beispielsweise von einem Mitglied der Geschäftsführung die Beurteilung des Marketingkonzepts als Schwäche des Unternehmens in Zweifel gezogen; daraufhin wurde er jedoch unmittelbar von den anderen Gruppenmitgliedern mit deren Sichtweisen konfrontiert, die eben die konträre Bewertung stützten. Es stellte sich dann heraus, daß das Unternehmen zwar über ein detailliertes Marketingkonzept verfügte, dieses aber der Mehrzahl der Mitarbeiter nicht bekanntgemacht worden war. Aus diesem Grund entstand eine Abweichung in der Wahrnehmung der Prozeßbeteiligten; es wurde anschließend beschlossen, das Konzept generell im Unternehmen vorzustellen.

Der geschilderte Vorgang veranschaulicht sehr deutlich, wie die Ergebnisse der Ressourcenbewertung als Anlaß für die Bildung eines gemeinsamen Unternehmensverständnisses auf seiten der Mitarbeiter genutzt werden können. Jeder Mitarbeiter kann seine eigene Sichtweise mit der Gesamtbewertung abgleichen; auftretende Widersprüche können unmittelbar in der Gruppe thematisiert werden. Aus Gründen der Verfahrenslogik muß der überwiegende Teil der Gruppenmitglieder anderer Meinung sein als die einen Widerspruch empfindende Person. Deutlich wurde dieser Zusammenhang auch anhand der Einschätzung eines weiteren Mitgliedes der Geschäftsführung, welche die schwache Beurteilung des Know-hows im größten Geschäftsfeld des Unternehmens (GF 1) zum Gegenstand hatte. Die Tatsache, daß diese Ressource in der subjektiven Wahrnehmung des Geschäftsführers deutlich stärker war als in der Gesamtbetrachtung ermittelt, veranlaßte ihn dazu, eine Diskussion über die tatsächliche Bedeutung dieses Elementes auszulösen, wobei er neue Sachverhalte und Argumente einbrachte, die er bereits für im Unternehmen allgemein bekannt hielt. Daß es sich dabei um eine Fehleinschätzung handelte, wurde dem Geschäftsführer erst anhand der abweichenden Bewertung des betreffenden Elements in der Ressourcenanalyse deutlich. Erst dieser auf persönlicher Ebene empfundene Widerspruch machte es für ihn erforderlich, die eigene Position zu überdenken und ermöglichte letztendlich durch die argumentative Untermauerung eine Angleichung der Sichtweise hinsichtlich der betreffenden Ressource bei allen Teilnehmern.

Dieses Beispiel macht noch einmal deutlich, wie sehr der Nutzen der vorgestellten Methodik nicht nur in der Aufdeckung des Ressourcenportfolios des Unternehmens zu sehen ist, sondern ebenso in der Schaffung eines gemeinsamen Verständnisses der betrachteten Organisation. Insgesamt wurden als Ergebnis des zweitägigen Workshops noch keine endgültigen strategischen Festlegungen für das betrachtete Unternehmen getroffen. Die untersuchte Organisation durchläuft den Prozeß der Strategieentwicklung über einen längeren Zeitraum hinweg, wobei erst am Ende des Gesamtverfahrens eine Entscheidung bezüglich der zukünftigen Ausrichtung getroffen werden wird. In dem Workshop wurde vermittelt, wie die ressourcenorientierte Unternehmensanalyse durchgeführt wurde, wie ihre Ergebnisse zu interpretieren sind und wie diese sinnvoll für den weiteren Strategieprozeß nutzbar gemacht werden können. Dabei wurde die gewählte Vorgehensweise von den Mitarbeitern sowohl methodisch als auch hinsichtlich ihrer Ergebnisse verstanden und akzeptiert. Dadurch wurde sichergestellt, daß die Ergebnisse der ressourcenorientierten Unternehmensanalyse als wesentliche Bausteine im weiteren Strategieentwicklungsprozeß verwendet werden können. Außerdem wurde an vielen Stellen eine Angleichung des bei den beteiligten Mitarbeitern vorhandenen Unternehmensverständnisses geschaffen. Durch die Aufdeckung der Ressourcen und ihre Bewertung als Stärken und Schwächen wurde es für jeden Beteiligten möglich, seine subjektive Sichtweise der Organisation mit der allgemein vorherrschenden Perspektive abzugleichen; dabei auftretende Widersprüche wurden als Anlaß genutzt, um gezielte Diskussionen über die tatsächlich vorhandenen strategischen Potentiale auszulösen.

5 Zusammenfassung und Ausblick

Die praktische Anwendung hat gezeigt, daß das im Rahmen dieses Buches entwickelte Verfahren zur ressourcenorientierten Unternehmensanalyse ein sinnvolles Hilfsmittel im Prozeß einer praxisorientierten Strategieentwicklung darstellt. Auf *analytischer Ebene* wurde dabei deutlich, wie die theoretischen Ansätze der Denkschule des Resource-based View mit der elementaren Forderung, das Unternehmen als ein Bündel von Ressourcen zu begreifen, in der Praxis genutzt werden können. Insbesondere die Diskussion derjenigen Faktoren, die das Ausmaß der strategischen Bedeutung einer Ressource bestimmen, hat sich dabei als hilfreich erwiesen. Hinsichtlich der Ebene *individueller Wahrnehmungen und Emotionen* wurde deutlich, daß diese bei der Konzeption von Verfahren zur Strategieentwicklung eine mindestens ebenso große Rolle spielen muß wie die zur Anwendung kommende Analytik. Resultierend aus dem Sachverhalt, daß die an der Strategiefindung beteiligten Mitarbeiter identisch sind mit denjenigen, deren Handlungen im Kontext der Organisation in Zukunft von der neu definierten Ausrichtung betroffen sein werden, muß im Vorhinein den Aspekten der Prozeßrationalität und Prozeßgerechtigkeit Rechnung getragen werden. Nur so kann bei den beteiligten Personen das notwendige Maß an „commitment" geschaffen werden, das zur erfolgreichen Strategiearbeit unabdingbar ist. In dieser Hinsicht nimmt auch der Aspekt der Anonymität bei der Datenerhebung einen besonderen Stellenwert ein. Obwohl selbst konzeptionell nicht ganz unproblematisch, erlaubt er doch die Einbringung von Gedanken, Ansichten und Ideen in den Prozeß, die als öffentliche Äußerungen nicht oder nur schwer denkbar wären. Dadurch wird die Bedeutung der Strategieentwicklung für die beteiligten Mitarbeiter erhöht, indem sie diesen Vorgang als Möglichkeit zur Einbringung ihrer eigenen Unternehmensperspektive an relevanter Stelle begreifen. Umgekehrt ermöglicht die vorliegende Methodik dem Einzelnen aber auch, die eigene Sichtweise kritisch mit der anderer Organisationsmitglieder abzugleichen; dadurch kann ein zielgerichteter Diskussionsprozeß angeregt werden, an dessen Ende ein gemeinsames Verständnis des Unternehmens als Grundlage für die zukünftige strategische Orientierung entsteht. In diesem Sinne läßt sich die ressourcenorientierte Unternehmensanalyse als die Umsetzung eines strategisch orientierten Wissensmanagements verstehen, da sie einerseits überhaupt erst einmal die strategischen Potentiale des Unternehmens bewußt macht und andererseits dazu geeignet ist, auf seiten der beteiligten Mitarbeiter eine allgemein akzeptierte, diskursiv ermittelte und damit gemeinsam geteilte Verständnisplattform für den Prozeß der Strategieentwicklung zu schaffen.

Aus dem Gesagten folgt, daß das vorliegende Verfahren zur ressourcenorientierten Unternehmensanalyse sowohl auf analytischer (durch die Identifikation und Bewertung der Ressourcen des Unternehmens) als auch auf kognitiver Ebene (durch Einbindung unterschiedlicher Perspektiven und Ansatzpunkte zur Konsensbildung) zum Strategieentwicklungsprozeß von Unternehmen beiträgt. Gekoppelt mit anderen Instrumenten, insbesondere der Umfeldanalyse, ermöglicht es somit die Entwicklung, Bewertung und letztendlich Auswahl strategischer Handlungsoptionen von Unternehmen auf Basis einer rational begründeten Vorgehensweise.

Abschließend soll an dieser Stelle noch auf diejenigen Elemente hingewiesen werden, die als Ansatzpunkte für die sicherlich notwendige Weiterentwicklung der vorgestellten Methodik genutzt werden können. In dieser Hinsicht ist insbesondere die Einbeziehung externer Sichtweisen zu nennen. Es wurde zwar dahingehend argumentiert, daß keine Gruppe von Stakeholdern über ein so tiefes Verständnis des Unternehmens verfügt wie dessen Mitarbeiter – ein Punkt, der sich in der praktischen Anwendung des Verfahrens bestätigt hat. Eben diese praktische Anwendung hat aber auch gezeigt, daß der ausschließliche Eigenbezug die Gefahr der Überschätzung eigener Stärken in sich birgt. So wurde in der vorgestellten Fallstudie keine einzige strategische Schwäche identifiziert, ein Punkt, der inhaltlich möglicherweise zu rechtfertigen ist, aber doch zumindest den Wunsch nach zusätzlicher Verifizierung der ermittelten Ergebnisse aufkommen läßt. In welcher Form die Einbeziehung externer Sichtweisen des Unternehmens in die vorgestellte Methodik sinnvoll erfolgen könnte, muß an dieser Stelle unbeantwortet bleiben; unbestritten würde eine solche Erweiterung des Analysehorizontes aber die Aussagekraft der ermittelten Ergebnisse erhöhen.

Ein weiterer Ansatzpunkt für zukünftige Verbesserungen ist sicherlich auch in der Untersuchung des Zusammenhangs zwischen den für die Unternehmensumwelt relevanten Trends und dem Unternehmen selbst zu sehen. Da auch die Mitarbeiter des Unternehmens maßgeblich von der sie umgebenden Lebenswelt geprägt werden, ist zu erwarten, daß die auf analytischer Ebene vorgenommene Trennung von Unternehmen und Umwelt zu einer Verzerrung der Untersuchungsergebnisse führen könnte. Mit anderen Worten: wenn alle permanent vom Internet reden, wird dessen Bedeutung für die strategische Ausrichtung des Unternehmens von den Mitarbeitern ebenfalls hoch eingeschätzt, obwohl sich ein solches Urteil möglicherweise nicht sachlich rechtfertigen läßt. Aus diesem Grunde ist es in der Zukunft sicherlich erforderlich, innerhalb der vorgestellten Methodik auch Interdependenzen der dargestellten Art zu thematisieren.

Trotz der genannten Verbesserungsmöglichkeiten gilt es jedoch zu erinnern, daß das vorgestellte Verfahren auch in seiner hier beschriebenen Form einen maßgeblichen Beitrag zur praxisorientierten Strategieentwicklung leisten kann. Die Verbesserungsansätze sollten dahingehend genutzt werden, diesen bestehenden Nutzen weiter zu vergrößern.

6 EPILOG

Wissensmanagement oder der Flug des Ikarus: ein Fall-Beispiel

Till Novotny

Schon vor einigen Jahren, lange bevor die „New Economy" entstand, deutete sich in der Strategiearbeit mit unseren Kunden eine alles verwandelnde Revolution an: Der Erfolg der Unternehmen war immer weniger dadurch zu sichern, daß Arbeit, Material und maschinelle Anlagen durch effiziente Prozesse miteinander kombiniert wurden. Entscheidend wurde die Fähigkeit, internes und externes Wissen neu zu nutzen, um daraus für Kunden überraschende und wertvolle Lösungen zu schaffen. Einige Verantwortliche hielten sich an das Prinzip „Wenn die Medizin nicht mehr hilft, gilt es die Dosis zu erhöhen." und verstärkten Vertrautes wie Reengineering, Kostensenkungsprogramme oder Skalenvorteile aus Unternehmenszukäufen. Oft befanden sie sich in einer unseligen Allianz mit ihren Bei- oder Aufsichtsräten: „Ja wenn schon diese bewährten Mittel nicht mehr greifen, ...". Vielleicht war auch die heimliche Hoffnung: *„You never get fired for cutting cost."*
Dabei haben sich die Spielregeln verändert. Unglücklicherweise wurden die sogenannten „weichen" Faktoren (im Hinblick auf ihre Steuerbarkeit mit den vertrauten Instrumenten) zu den „harten" Faktoren in Bezug auf die Ergebnisauswirkung. Einige andere Verantwortliche stürzten sich deshalb mutig in das Abenteuer, die neuen Spielregeln zu erlernen, um auch nach ihnen erfolgreich arbeiten zu können. Dabei zeigte sich bald, wie grundlegend sich der *Produktionsfaktor „Wissen"* von den klassischen Faktoren unterscheidet:

- Wissen wird durch (vor allem gemeinsame) Nutzung nicht verbraucht, sondern sogar in seinem Wert vermehrt.

- Die Produktivität des Wissens ist nicht durch Kostensteuerung zu verbessern, sondern – wie wir sehen werden – eher dadurch, daß man es in Bewegung hält und so seine Wirkung verstärkt.

- Wissen ist weitgehend an seine Träger (Mitarbeiter, aber auch externe Partner) gebunden und deshalb kaum in das Eigentum von Unternehmen zu überführen.

Wissen war also nicht wie die anderen Produktionsfaktoren zu „managen". Dagegen verdienten die „VEP's" (Very Experienced Persons) eine besondere Beachtung. Langsam dämmerte herauf: *„You may get fired for cutting cost – and thereby loosing instead of using knowledge."* Das war eine ziemliche *Zwickmühle*: Einerseits wurde immer deutlicher, daß die intelligente Nutzung von Wissen der Schlüssel zur Differenzierungskraft und damit zu unternehmerischem Erfolg ist. Andererseits entpuppte sich dieses Wissen als irritierend unbeherrschbar. Ein gutes Beispiel ist die erwartbare Ernüchterung nach der Fusionswelle zum Ende des letzten Jahrhunderts. Das typische Ziel heißt Synergie (mathematisch: $1 + 1 = 3$ oder mehr). Dabei kann man neben „generischen" Synergien, wie sie in der Natur als Symbiosen und in der Wirtschaft als Kuppelproduktion vorkommen, zwei grundlegende Typen unterscheiden:

1. Skaleneffekte durch den Abbau von bei den Fusionspartnern doppelt vorhandenen Ressourcen.

2. Innovation aus der Verbindung des bisher bei den Partnern getrennt vorhandenen Wissens.

Die verbreitete Hilflosigkeit im Umgang mit dem Wissen zeigt sich daran, daß der zweite Typ äußerst selten vorkommt, und der Begriff „Synergie" inzwischen im allgemeinen Sprachgebrauch fast völlig auf den ersten Typ reduziert ist. Leider werden aber diese Skaleneffekte in der Praxis oft durch Kosten der steigenden Komplexität wieder aufgezehrt und die Fusion deshalb ein Mißerfolg. Auch der Erfolg von Fusionen ist also meist davon abhängig, ob durch die intelligente Kombination von Wissen wertvolles Neues entsteht. Dafür reichen jedoch die vertrauten Haltungen und Handlungen der „Manager" offensichtlich nicht mehr aus und bedürfen einer Weiterentwicklung.

In dieser Situation der Zwickmühle kamen einige IT- und Beratungsunternehmen auf *„Wissensmanagement"*. Sie versprachen ihren Kunden, daß sie – ohne sich zu ändern – nur durch den Kauf neuer Instrumente endlich die Macht über das Wissen gewinnen könnten – und führten sie damit auf einen gewaltigen Holzweg.

Auf den nächsten Seiten möchte ich Sie zu einer kleinen Reise einladen, auf der wir entdecken werden,

- warum man bestenfalls Daten und Informationen, nicht aber Wissen „managen" kann,

EPILOG

- weshalb der Versuch, das Wissen zu managen, sogar einen Teil seines Wertes vernichtet und

- wie man trotzdem durch einen intelligenten Umgang mit Wissen (z. B. auf Wegen wie sie in diesem Buch beschrieben sind) seinen Nutzen für den Unternehmenserfolg freisetzt.

Zunächst ist „Wissen" in seiner Abgrenzung von „Daten" oder „Information" und in seiner praktischen Anwendung etwas ganz Alltägliches. Der Koch, der Speisen, Gewürze und vielleicht Wein kombiniert, der Mechaniker, der mit wenigen Blicken die richtige Diagnose bei einem Maschinenausfall stellt, und der Verkäufer, der seinen Kunden „kennt", sie verwenden alle Wissen, um geeignet handeln zu können. Dabei liegt ihre Meisterschaft typischerweise darin, daß sie viele „Querverbindungen" im Kopf haben, die der Anfänger nicht sieht, daß sie deshalb vor allem wissen, was sie alles *nicht* ausprobieren müssen, und daß sie mehr praktisch anwenden als erklärend darstellen können. Dabei schlage ich für unsere Reise folgende Begriffsverwendung[214] vor:

- *„Daten"* sind das, was wir direkt wahrnehmen (von einem nicht beobachteten „Hintergrund" unterscheiden) und codiert als Zahlen, Texte oder Bilder in einer *Beschreibung* verwenden können. Das wäre z.B. der mit einem Winkel oder einem Abstand beschreibbare Ausschlag eines Meßinstruments.

- *„Informationen"* sind Daten, die durch eine systembezogene *Interpretation* ergänzt sind. Das wäre in unserem Beispiel etwa die Aussage, daß der Ausschlag des Meßinstruments einer Spannung von soundso viel Volt entspricht. Gregory Bateson hat das beschrieben als „a difference which makes a difference", also als eine Unterscheidung mit einer bestimmten Bedeutung.

- *„Wissen"* sind Informationen, die durch *Erfahrungskontexte* ergänzt sind, die sich in der bisherigen Geschichte einer Person als (handlungs)relevant gezeigt haben. In unserem Beispiel kann das bedeuten, daß das Experiment gelungen ist, daß die Anzeigenadel beschädigt ist, daß es dringend angezeigt ist, aus dem Raum zu flüchten, und natürlich noch vieles andere mehr[215].

---

[214]Diese Definitionen bilden den Ausgangspunkt. Wir werden die Begriffe beim weiteren Fortschreiten vor allem aus konstruktivistischer Sicht ergänzen.

[215]Als „Erkenntnis" kann man in diesem Zusammenhang Wissen bezeichnen, das sich auf eine bestimmte Frage oder ein bestimmtes Problem bezieht.

Wir machen also aus Daten, dadurch daß wir sie systembezogen interpretieren, Informationen, und aus Informationen, dadurch daß wir sie in Erfahrungskontexte einbauen, Wissen. Dabei werden in dieser ersten Betrachtung schon einige Punkte über das *Wissen* sichtbar:

- Erfahrungskontext entsteht immer in konkreten „*Fällen*", und deshalb ist auch das Wissen am leichtesten in Verbindung mit solchen Fällen zu vermitteln.

- Erst durch diesen Kontext wird der (übergeordnete) „Sinn" einer Information klar und entsteht ausreichende *Handlungsorientierung*.

- Wissen erlaubt deshalb auch zu entscheiden, welche Informationen man unbedingt noch haben sollte und welche Informationen verzichtbar sind. Es ist damit ein Schlüssel zur *Informationssteuerung*.

- Die Vielfalt der Kontexte, die man betrachten kann, ist prinzipiell unbegrenzt und kann sich mit jedem Fall ändern, so daß das Wissen ständig in *Bewegung* ist.

- Wissen ist zu einem mehr oder weniger großen Teil implizit (d.h. anwendbar, aber nicht erklärbar). Seit Sokrates wissen wir, daß man sich im *Gespräch* über sich selbst klar werden kann. Dabei ist es letztlich der Widerstand (z.B. das Nachfragen) des Gesprächspartners, durch den implizites Wissen für einen selbst und für andere explizit werden kann.

Wissen ist zwar immer das Wissen von einzelnen Personen und kaum von ihnen und ihrer persönlichen Geschichte trennbar, aber es ist sehr wohl im persönlichen Kontakt (idealerweise in einer gemeinsamen fallbezogenen Praxis, durch die eine gemeinsame Geschichte entsteht) „übermittelbar"[216].

Zurück zu unserer Geschichte. Jetzt können wir betrachten, welches Ergebnis zu erwarten ist, wenn wir das so *wertvolle* Wissen festhalten, transportieren und „*managen*" wollen, denn dafür gibt es ja, wie wir gesehen haben, eine Menge guter Gründe. Die Antwort steht eigentlich schon bei Goethes Faust, wo Mephisto dem jungen Studenten

---

[216]Inwieweit diese „Übermittlung" eine autonome Wissensbildung beim Empfänger ist, die durch den Wissensgeber lediglich orientiert wird, werden wir später betrachten.

EPILOG

rät, zunächst „Collegium Logicum" zu studieren, und fairerweise gleich dazu sagt, an welche Grenze er damit stoßen wird:

> „Wer will was Lebendig's erkennen und beschreiben,
> sucht erst den Geist herauszutreiben;
> dann hat er die Teile in seiner Hand,
> fehlt, leider! nur das geistige Band."

Ausgangspunkt ist also zum Beispiel das Wissen, das wir über einen Kunden haben. Dazu gehören auch Dinge wie „haßt Fußball", „hat ein perfektes Zahlengedächtnis" oder „wirkt auf mich immer etwas zerstreut". Damit kann leider zunächst einmal nur einer etwas anfangen. Wenn wir nun aber speichern, sortieren, auswerten und transportieren wollen, dann müssen wir das *Wissen auf* die darin enthaltenen *Informationen und Daten reduzieren.* Dabei lassen wir emotionale Qualitäten und persönliche Bezüge, sowie gegenüber einer Darstellung im Gespräch, nonverbale Signale und Interaktionen weg, und speichern den Rest in Datenfeldern mit einer fest zugeordneten Bedeutung.

Nun wissen wir heute, daß unser Gehirn Neuigkeiten weniger nach ihrem Inhalt speichert, als danach, wie sie uns emotional ansprechen. Dazu gehören aber alle Zwischentöne der Stimme, Gestik, Mimik und der reiche Kontext, den Geschichten ebenso wie Bilder erzeugen – eben das „geistige Band". Stellen Sie sich bitte einmal vor, was geschieht, wenn Sie ein Märchen wie Rotkäppchen auf die darin enthaltenen Informationen reduzieren und diese dann weitergeben. Wenn Sie Kinder haben und deshalb hoffentlich ein erfahrener Märchenerzähler sind, dann wissen Sie vielleicht, daß es sogar ein großer Unterschied ist, ob Sie ein Märchen frei erzählen, oder „nur" vorlesen. *Schon die Umwandlung in „Text" bedeutet Verzicht auf „Kontext".* Denken Sie jetzt bitte noch einmal an das Wissen über den Kunden: Durch seine „Aufbereitung" für Speicherung und Transport gehen leider gerade die ungewöhnlicheren und deshalb für eine unternehmerische Differenzierung besonders wertvollen Teile des Wissens verloren.

Seit dem 19. Jahrhundert sind durch die technischen Entwicklungen von der Fotografie und Telegrafie bis hin zu Computern und Internet wahrhaft gigantische Möglichkeiten entstanden, Daten und Informationen zu speichern und zu transportieren. Bis dahin wurden Informationen meist in einer konkreten Situation oder eingebettet in eine übergeordnete Erzählung erlebt. Erst in Verbindung mit der technischen Entwicklung konnten Berge von kontext- und damit sinnlosem

Informationsmüll entstehen. Das Ganze führt dann dazu, daß trotz schier unbegrenzter Möglichkeiten der Informationsbeschaffung und -selektion kaum mehr jemand etwas „weiß" und zeigt sich im Gefühl wachsender Orientierungslosigkeit. Manchmal frage ich mich, was es eigentlich bedeutet, daß wir technische Geräte „bedienen", statt daß sie uns dienen.

Verbunden mit der fixen Idee, daß diese Orientierungslosigkeit (so wie alle Probleme) nur von einem Informationsdefizit herrühren kann, entwickeln wir uns langsam zu *Informations-Junkies*, die mit wachsender Verzweiflung versuchen, die immer höher werdenden Berge von Information mit immer effizienteren Methoden zu bewältigen – und dabei doch nie satt werden. Ohne Wissen hinterläßt jeder Informationsgewinn nur die bange Frage, ob man vielleicht gerade die wichtigste Information doch verpaßt hat.

Das ist der moderne *Fall des Ikarus*. Der klassische Ikarus und sein Vater Dädalus, begnadete Künstler, hatten sich Flügel gebaut, um aus dem Labyrinth des kretischen Königs Minos zu fliehen. Die Flucht gelingt. Ikarus, aus Freude über seine Fähigkeiten und aus Übermut, verliert den Respekt vor der Sonne, fliegt zu hoch und damit zu nahe an sie heran. Durch diese *Hybris* zerstört er das, was ihn nach oben getragen hat: das Wachs, das die Flügel zusammengehalten hat, schmilzt und er stürzt ins Meer. Die Sonnengötter in den großen Mythologien sind immer Götter des „lichten" Denkens und Wissens. Aus Übermut und aus Verliebtheit in unsere wachsende Fähigkeit, Informationen zu jonglieren, verlieren wir den Respekt vor dem sich immer neu und weiter schaffenden Wissen, und wollen es ebenso beherrschen. Wir versuchen, es festzuhalten, zu speichern und in „gefrorener" Form weiterzugeben – und zerstören dabei genau den informellen, beweglichen Prozeß der Wissensbildung, der uns dahin gebracht hat, wo wir heute stehen.

Nach dem, was wir auf unserer bisherigen Reise über das Wissen herausgefunden haben, wäre eine angemessenere Haltung eine des *Respekts vor dem Wissen* als etwas, das sich der Beherrschbarkeit weitgehend entzieht und eher „als Glücksfall"[217] zwischen Menschen entsteht, die ihm achtungsvoll einen Weg bahnen. Während ich dies schreibe, überkommt mich das Gefühl, daß Ihnen das jetzt vielleicht sehr weit geht, aber ich möchte auch noch das Versprechen einlösen, im weiteren Ver-

---

[217] Mir fällt in diesem Zusammenhang immer wieder das englische Wort „serendipity" ein, das man wohl am ehesten mit „Talent unerwartete und glückliche Entdeckungen zu machen" übersetzen kann.

EPILOG

lauf der Reise mit Ihnen zu erkunden, was das nun praktisch bedeutet. Nach der inzwischen recht langen Erfahrung aus der Strategiearbeit kann ich sagen, daß es in Phasen, wo die Orientierung verloren zu gehen droht, oft hilft, kurz innezuhalten, und sich an das zu erinnern, was wir schon wußten, bevor wir glaubten, mehr Informationen sammeln zu müssen.

So wissen wir alle, daß wir „Wissen" im Sinne der Fähigkeit, Informationen auszuwählen, zu ordnen oder praktisch einzusetzen, am effektivsten erwerben, indem wir genau das in einem konkreten Fall tun – und zwar in Begleitung von jemandem, der über einen „Wissensvorsprung" verfügt. Das wirkungsvollste Mittel zur Informationsbeschaffung ist z.B. ein *Netzwerk von Personen*, denen wir persönlich vertrauen, und denen wir einen Beitrag zur Lösung des jeweiligen Problems zutrauen. Im direkten Gespräch mit diesen „Wissensträgern" können wir neue Blickwinkel (neue Kontexte) gewinnen und oft dadurch erst die richtigen Fragen stellen, die wir danach mit allen effizienten Möglichkeiten der Informationsbeschaffung beantworten. Erst nachdem wir z.B. einen geschäftlichen Schritt, den wir vorhaben, mit dem Steuerberater unseres Vertrauens besprochen haben, kennen wir die für uns wichtigen Aspekte und könnten jetzt die benötigten Informationen selbst suchen. Der Einsatz von Technik ist typischerweise erst der zweite Schritt[218].

Warum ist es so wichtig, daß wir Wissen nicht nur hören oder lesen, sondern im direkten Kontakt mit bestimmten Personen erwerben? Dazu müssen wir noch etwas genauer betrachten, wie Wissen entsteht und „übermittelt" wird. Entscheidend ist dabei die unserer Alltagswahrnehmung zunächst widersprechende Erkenntnis, daß wir mit unserem Wissen weder die Realität „abbilden", noch irgend etwas von anderen „übernehmen", sondern ausgelöst von unserem Umfeld und anderen Personen eine persönliche *„Wirklichkeit" konstruieren*.

Schon die „Daten" existieren nicht unabhängig von uns, sondern entstehen als solche erst dadurch, daß wir sie gegenüber einem „Hintergrund" hervorheben. Der Physiker Werner Heisenberg hat dazu geschrieben: „Wir sehen die Natur nicht so, wie sie ist, sondern nur als Konsequenz der Fragen, die wir an sie stellen." Von dem englischen Philosophen

---

[218] Man könnte einwenden, daß Technik ja eine gute Möglichkeit wäre, den richtigen Gesprächspartner zu finden. Das scheint mir zu kurz gedacht, denn wir würden zumindest bei wichtigen Fragen zunächst wieder über einen persönlichen Kontakt klären, ob wir z.B. Gesprächspartnern, die wir in einem bestimmten Katalog finden, (personal und funktional) vertrauen können.

Berkeley kennen wir die Frage: „Wenn in einem einsamen Wald ein Baum umfällt und keiner hört zu, gibt es dann ein Geräusch?" Die Antwort lautet: „Natürlich nicht!" Vielleicht gibt es da Schallwellen in der Luft, aber das Wort „Geräusch" ist ohne ein zuhörendes Ohr ganz unsinnig. Und gibt es Schallwellen? Selbst die gibt es nur dann, wenn wir zu bestimmten Erlebnissen, dieses Konzept erfinden und ihm diesen Namen geben. Gab es den Cash Flow, bevor er erfunden wurde? Und wo hätte er dann sein sollen? Die „Tatsachen" sind Tat-Sachen und auch das Wort „Fakten" stammt von „facere", dem lateinischen Wort für „machen". Erst recht gilt das natürlich für die Interpretation, die aus den „Daten", wie wir definiert haben, „Informationen" macht. Für die meisten von uns bedeutet ein Ultraschallbild gar nichts, bis wir unser Sehen verfeinert und weiterentwickelt haben. Der auf dem Weg zum Wissen hinzutretende Erfahrungskontext ist natürlich noch persönlicher.

Es ist unsere *objektivistische Alltagssprache*, die uns davon ablenkt, zu erkennen, daß wir Daten, Informationen und Wissen selbst konstruieren. Wir sagen: „Da *ist* ein Geräusch." Wie verwenden für den Satz „Ich habe Schmerzen." die gleiche Form wie für den Satz „Ich habe einen Stein in der Tasche." Der Satz „Meier ist unfair." klingt so, als ginge es um eine Eigenschaft von Herrn Meier, dabei drückt der Satz meine eigene, von meiner Wahrnehmung und meinem Wertsystem geprägte Empfindung aus. Unsere Sprache bestimmt in einem nicht allegorischen, sondern ganz praktischen Sinn die Räume und Grenzen unserer Welt. Wir sehen die Welt so, wie *wir* sind[219]. Zwei Menschen, die verschieden sind und sich in derselben Situation befinden, „erzeugen"[220] verschiedene Fakten, die für beide Verschiedenes bedeuten und die sie mit verschiedenen Erfahrungskontexten verbinden – und „verstehen" auf diesem Weg die Situation. Ein Teilnehmer bei einem unserer Seminare nahm diese Gedanken zum Anlaß für ein Experiment: Seine Frau und er führten im nächsten Urlaub (in dem sie die ganze Zeit gemeinsam verbrachten) getrennt voneinander ein Reisetagebuch. Wie er mir hinterher berichtete, wurde ihm nach der gegenseitigen Lektüre der Tagebücher am Reiseende schlagartig alles klar: „Ein außenstehender Leser wäre nie darauf gekommen, daß wir gemeinsam unterwegs

---

[219]Wenn der Erwerb neuen Wissens teilweise bedeutet, neu oder genauer sehen zu lernen, dann bedeutet dieser Satz, daß wir beim Wissenserwerb nicht einfach etwas empfangen können, sondern uns selbst ändern müssen.

[220]Wahr-Nehmung ist Konstruktion.

waren."

Aus dem Gedanken, daß wir mit unserer Wahrnehmung nicht Realität abbilden, sondern eine eigene Wirklichkeit konstruieren, folgt natürlich keineswegs, daß das in einer beliebigen Weise erfolgen kann. Unsere Konstruktionen müssen sich *an der Realität bewähren*, das heißt, wir müssen aus ihnen Erwartungen ableiten können, die sich praktisch bestätigen. Aber damit kommen wir zum entscheidenden Punkt: Dieses Kriterium erfüllt eben typischerweise nicht nur eine (die „wahre" Realität abbildende) Vorstellung, sondern es gibt immer viele, zum Teil widersprüchliche Vorstellungen, die sich zumindest für eine bestimmte Verwendung (in einem bestimmten Kontext) als „viabel" zeigen (d.h. „sich bewähren"). So ist z.B. die Vorstellung eines Atoms als kleines Planetensystem nach unserem heutigen naturwissenschaftlichen Kenntnisstand widerlegt, aber das hindert uns überhaupt nicht daran mit diesem Modell im Chemieunterricht auch weiterhin die richtigen chemischen Bindungsverhältnisse zu bestimmen. Sein „Wert" liegt nicht darin, daß es die Realität abbildet, sondern darin, daß es für eine bestimmte Verwendung geeignet ist.

Soweit zur „Wissensentstehung", nun zur *„Übermittlung"*. Genauso wenig wie wir bei der Wahrnehmung Realität abbilden, bilden wir als Empfänger von „übermitteltem" Wissen die Gedanken des Absenders ab. Wenn uns jemand etwas „vermittelt", erzeugen wir zuhörend Daten, die wir mit unseren eigenen Bedeutungen versehen und mit dem eigenen Erfahrungshintergrund verbinden. Erst durch diese persönliche Sinngebung kann die Botschaft konkret und handlungsleitend werden[221]. Dabei entstehen offensichtlich mehr oder weniger folgenschwere Unterschiede zwischen den Gedanken des Wissensvermittlers und denen des Wissensempfängers. Dazu gibt es ein schönes Beispiel aus Wien:
Nachdem Ludwig Wittgenstein 1922 seinen „Tractatus logicophilosophicus" veröffentlicht hatte, machten die Mitglieder des „Wiener Kreises" um Moritz Schlick[222] die darin enthaltenen Ideen zum Kern ihrer „wissenschaftlichen Weltauffassung". Als es dann Ende der zwanziger Jahre zu einem Treffen von Mitgliedern des Kreises mit Wittgenstein kam, stellten diese verwundert fest, daß sie eher einen Künstler als einen

---

[221] Im Gegensatz zur gängigen Alltagsvorstellung ist das eben kein rezeptiver, sondern ein schöpferischer Prozeß.

[222] Dieser Kreis von neopositivistischen Wissenschaftlern um Moritz Schlick ging auf einen „1. Wiener Kreis" (1908 - 1912) um Ernst Mach zurück, existierte von 1923 bis zum Tod von Schlick 1936 und hatte Mitglieder wie Rudolf Carnap und (zeitweise) Karl Popper.

Wissenschaftler antrafen, der eher Geschichten vorlesen als mit ihnen über die „wissenschaftliche Weltauffassung" reden wollte. Anscheinend hatten die Mitglieder die Tatsache, daß ihre Ideen durch den Tractatus angeregt worden waren damit verwechselt, daß sie aus ihm oder von Wittgenstein stammten. Es war offensichtlich kein Wissen „übertragen" worden.

Wie das Beispiel zeigt, „überträgt" Sprache zwar kein Wissen, sie kann das begriffliche Konstruieren des Empfängers aber sehr wohl auslösen und orientieren. Ob im Ergebnis dann etwas gelingt, das wie „Übermittlung" aussieht, ist dann aber offensichtlich viel weniger eine Frage der Botschaftsgestaltung[223] durch den Absender oder des „technischen" Transports, sondern in allererster Linie eine Frage der *Rückkopplung*. Norbert Wiener, der Begründer der Kybernetik, hat das in dem Satz ausgedrückt: „Wenn ich wissen will, was ich gesagt habe, dann muß ich auf die Antwort warten." Wieder steht uns die Alltagssprache im Weg, wenn wir bei Problemen in der Kommunikation zunächst nach *Fehlern* in der Darstellung, Übermittlungs*fehlern* und *Miß*verständnissen suchen. Eigentlich gibt keine Tätigkeit des „Mißverstehens" sondern immer nur „Verstehen", aber das ist halt prinzipiell persönlich und damit zwischen Personen verschieden.

Unsere gedankliche Reise handelt vom <u>*Wissen in Unternehmen*</u> (nicht nur von Daten und Informationen) und in diesem Zusammenhang sind die gerade gewonnenen Erkenntnisse besonders wichtig: je weiter wir auf dem Weg von der „Datenaufnahme" (da kommt uns noch unsere prinzipiell gleiche biologische „Grundausrüstung" zugute) über die „Information" zum „Wissen" voranschreiten, desto individueller werden die Inhalte und je unterschiedlicher die Kulturen (oder Unternehmenskulturen) der Beteiligten, desto weiter liegen sie zusätzlich auseinander. Deshalb ist für die tragfähige „Übermittlung" in diesen Bereichen ein *„kalibrierender Dialog"* unverzichtbar: in einer Abfolge von kleinen Annäherungsschritten „handeln wir Bedeutung und Kontext aus"[224]. Diese Schritte bestehen konkret aus gegenseitigem Spiegeln und dem Reagieren auf die dabei sichtbar werdenden Differenzen. Unidirektio-

---

[223]Dadurch wird alle Rhetorik und Präsentationstechnik auf ihre Rolle als „fördernde Begleitumstände" reduziert.

[224]An dieser Stelle können wir unsere Ausgangsdefinitionen, zumindest von „Information" und „Wissen" ergänzen: die darin enthaltenen Bedeutungen und Kontexte bestehen aus viablen Konstruktionen, die wir im konkreten Handeln durch Anpassung an die Widerstände der Realität und durch Aushandeln in sozialen Interaktionen gebildet haben.

nale Kommunikation (im Gegensatz zum bidirektionalen Dialog) ist dafür prinzipiell nicht geeignet, denn der Satz von Norbert Wiener gilt natürlich auch umgekehrt: „Wenn ich wissen will, ob ich (den anderen) verstanden habe, muß ich antworten." Einem Text (z.B. in einem Buch), aber auch einer Radiosendung kann man aber weder etwas spiegeln, noch eine Frage stellen.

Mir fällt es z.B. sehr schwer, diesen Text gezielt so redundant zu schreiben, daß Sie hoffentlich dazu etwas konstruieren, was ich vor Ihnen und vor mir vertreten kann. Viel besser geht es mir, wenn ich im Gespräch etwas „übermitteln" kann, und noch lieber würde ich mit Ihnen einen „kalibrierenden Dialog" führen. Wenn Sie beim Lesen dieses Textes etwas nicht verstehen, dann bin ich dabei sogar noch ganz beruhigt; viel schwieriger ist der Fall, wo wir fälschlicherweise (den anderen) verstanden zu haben glauben und daraus vielleicht die falschen Handlungskonsequenzen ziehen (siehe das Beispiel vom „Wiener Kreis").

Unsere gedankliche Reise handelt vom *Wissen in Unternehmen* (also von Organisationen und nicht nur von Einzelnen). Es geht also darum, das was einzelne in ihrer bisherigen Tätigkeit an Wissen aufgebaut haben, durch Reflexion und Abstraktion für andere verfügbar zu machen, so daß es auch für sie handlungsorientierend wirken kann. Dabei kann man grundsätzlich zwei Wege unterscheiden: Wissen kann für andere entweder dadurch verfügbar werden, daß man es in Arbeitsprozesse und daraus entstehende Produkte oder Dienstleistungen „fest einbaut" oder dadurch, daß man es in dialogischen Lernprozessen „übermittelt" (*„embed or spread"*). Dabei ist die Möglichkeit des „Einbaus" in Prozesse und Systeme leider sehr begrenzt. Wenn das „eingebaute" Wissen auch noch als handlungsorientierender Rahmen für Entscheidungsprozesse von Personen benötigt wird, kommt man um die (auf den besprochenen Bedingungen der Wissensübermittlung aufbauenden) Lernprozesse nicht herum. Das haben schon einige produzierende Unternehmen aus unserem Kundenkreis schmerzlich erfahren, als sie versuchten, mit Hilfe von Zeichnungen und Arbeitsplänen („da steht doch alles drin") Produktionsprozesse in Billiglohnländer zu verlagern.

Die erfolgreiche Nutzung des Wissens im Unternehmen ist also aus beiden Blickrichtungen in erster Linie eine Frage der Übermittlungsprozesse (im Gegensatz zu „Speicherung" oder „Zugriff"). Wie wir gesehen haben, kann man zwar Daten und Informationen, nicht aber das Wissen „managen". Man kann sogar sagen, daß Daten- und Informationsmanagement erst durch den intelligenten Umgang mit Wissen und seine informationssteuernde Wirkung ihren eigentlichen Wert freisetzen können. Wenn man das unbedingt in einem Wort ausdrücken möchte, dann scheint mir *„Wissensmobilisierung"* viel weniger mißverständlich als „Wissensmanagement". In diesem Zusammenhang können wir nun aus den bisherigen Erfahrungen auf unserer Reise ableiten, welche *Methoden, Vorgehensweisen und Rahmenbedingungen* dafür besonders geeignet sind.

Zu den **Methoden** der Wissensmobilisierung liegen einige Erkenntnisse bereits auf der Hand. „Wissensübermittlung" bedeutet danach – genau gesagt – einen individuellen Wissensaufbau in Begleitung von Menschen, die auf bestimmten Gebieten einen Wissensvorsprung haben. Jeder neue Wissensbereich erfordert typischerweise nicht nur neue Begriffe und Zusammenhänge, sondern auch eine neue Art des Sehens. Im kalibrierenden *Dialog* mit den „Wissenden"[225] findet in diesem Sinne eine schrittweise Verfeinerung und Erweiterung der Wahrnehmung statt. Diese Begleitung beim Wissensaufbau entspricht dem, was Platon im Sokrates – Dialog „Phaidros" als „Kunst der Seelenleitung durch Worte" beschrieben hat. Dabei betont er auch, daß die Schriftform in diesem Zusammenhang bestenfalls als Gedächtnisstütze taugt. Er bezeichnet sie als „Pharmakon", was auf deutsch sowohl „Heilmittel" als auch „Gift" bedeuten kann. Der (am besten selbst verfaßte) Text ist „Heilmittel", wenn er als Grundlage für die eigene schöpferische Erarbeitung der Inhalte dient, er wirkt als „Gift", wenn man sich durch das Geschriebene davon ablenkt oder gar abhält. Wer liest und hört, der kann auch nur konsumieren; wer dagegen (im Dialog) spricht, der muß mitdenken und produzieren.

Die *Kalibrierung* bezieht sich inhaltlich darauf, daß der „Wissensgeber" anhand der Antworten überprüft, inwieweit das beim „Empfänger" gebildete Wissen seinen ursprünglichen Gedanken entspricht, und formal auf die Anschlußfähigkeit der Botschaft. Bei der „Wissensübermittlung" kommt es nämlich darauf an, daß der Empfänger einerseits schon genug weiß, damit er die Inhalte persönlich einordnen kann, und andererseits genug Neues erfährt, um eine Wertschöpfung zu erleben. Im Sinne von Hans – Georg Gadamer setzt Wissenszuwachs also ein Vorverständnis voraus, das aber über sich selbst (das „Vor-") hinreichend aufgeklärt sein muß, um noch entwicklungsfähig zu sein. Durch diesen

---

[225]Dabei geht es immer mehr oder weniger um eine gegenseitige Ergänzung, da die Gesprächspartner in den relevanten Kontexten oft unterschiedliche „Wissensvorsprünge" haben.

Prozeß der Kalibrierung entstehen gemeinsame Bedeutungen und gemeinsamer Kontext, d.h. gemeinsamer handlungsorientierender Sinn. Letztlich verstehen wir auch uns selbst und andere erst durch die Einbettung in einen solchen intersubjektiven Kontext[226]. „Intersubjektive Gültigkeit" bedeutet dann nichts anderes, als daß man aus dem Reden und Tun anderer schließen kann, daß dabei die gleichen Modelle und Denkweisen zugrunde liegen, die man selbst verwendet. Wissen „schaffen" bedeutet in diesem Zusammenhang, durch kalibrierten Kontext die prinzipiell unbegrenzte Information auf den handlungsrelevanten Teil zu reduzieren.

Nach unseren bisherigen Ergebnissen läßt sich auch schon einiges darüber sagen, in welcher Form das Wissen am wirkungsvollsten „übermittelt" werden kann. In unserer Ausgangsdefinition haben wir gesagt, daß es sich beim Wissen um Informationen handelt, die durch Erfahrungskontexte ergänzt sind, die sich in der bisherigen Geschichte einer Person als (handlungs)relevant gezeigt haben. Diese Erfahrungen machen wir anhand konkreter Fälle, die wir als *„Geschichten"* erzählen können. Wir leben in Geschichten. Sie sind die Art, wie wir Dinge verstehen und Sinn erzeugen. Menschen brauchen offensichtlich zusammenhängende Geschichten, die ein Gefühl von Sinnhaftigkeit und Kontinuität erzeugen, um ihrem grundlegenden Orientierungsbedürfnis zu entsprechen („rewrite your mission statement as a corporate story"). Unser Wissen liegt in der Form von Fallgeschichten vor und wird am leichtesten an Fallgeschichten und durch deren Reflexion (Was sagt uns das?) und Abstraktion (Und die Moral von der Geschicht' ...) gebildet. Geschichten...

- ... bilden komplexen Kontext ab, ohne ihn vorschnell reduzieren zu müssen.

- ... erlauben uns, *Komplexität* zu speichern und wiederzugeben.

- ... integrieren verschiedene Elemente, die auf einen gemeinsamen Sinn hinlaufen.

- ... fokussieren den für diesen Sinn notwendigen Kontext.

- ... schaffen für Handeln notwendigen epistemischen Rahmen der Information.

---

[226] In diesem Sinne verwendet Wittgenstein den Begriff „Sprachspiel": Alle Worte und Sätze erhalten ihre Bedeutung erst in einem durch mehrere „Mitspieler" gebildeten Kontext.

Geschichten sind also ein geradezu ideales Instrument, um die prinzipiell unbegrenzte Offenheit der Kontextbeziehungen abzubilden und für praktisches Handeln nutzbar zu machen.

Wie wir gesehen haben, bedeutet Wissensbildung „sich ändern" und ist deshalb mit Widerständen verbunden. In diesem Zusammenhang gilt, daß „Wissensübermittlung" auch aus *motivatorischer Sicht* weniger ein Thema der Präsentationstechnik[227] als der Gewinnung neuer und interessanter Fragen ist. Auch in dieser Hinsicht sind die Geschichten ein außerordentlich starkes Instrument, weil sie ...

- ... in ihrem emotionalen Gehalt unser Denken fesseln können.

- ... uns ohne direkte Konfrontation an die Grenzen unseres Wissens führen.

- ... erlauben, die befreiende Kraft des Denkens direkt zu erfahren.

Geschichten sind also auch ein wunderbares Instrument, um unser bisheriges Wissen teilweise in Frage zu stellen und den Blick für neue Lösungen zu öffnen. Der „Fall" wird dann mit der Lösung nicht aus der Welt geschafft (aber vielleicht das Problem), sondern als „Erkenntnis" gespeichert. Sobald wir über einen Fall stimmige Geschichten erzählen, haben wir ein gemeinsames Verständnis. Wissen läßt sich am leichtesten dadurch mobilisieren, daß man es in der Form von interessanten Fallgeschichten „ins Gespräch" und damit zur Anwendung zu bringt.

Als letzte methodische Aspekte möchte noch auf zwei etwas versteckteren methodische Aspekte hinweisen: die Mobilisierung impliziten Wissens und Beziehungsauswirkungen der kalibrierenden Dialoge. Wiederum kommt uns dabei eine spezielle Eigenschaft von Geschichten zugute: die Möglichkeiten *metaphorischer Darstellungen*. Das erlaubt ...

- ... auch (noch) Unaussprechliches anzusprechen.

- ... tiefe Vertrauensbeziehungen aufzubauen.

Geschichten sind hochkonzentrierte Bilder davon, wie der Erzähler einen bestimmten Teil der Realität erlebt, fühlt und für sich einordnet. Dabei

---

[227] Weiter oben haben wir schon gesehen, daß „Wissensübermittlung" auch aus kognitiver Sicht weniger eine Frage der Rhetorik als der Rückkopplung ist. Mir scheint deshalb, daß die Bedeutung der Botschaftsgestaltung für eine gelingende „Übermittlung" generell weit überschätzt wird.

besteht die Möglichkeit, Metaphern als „sagbare Spuren[228]" zu verwenden, so daß sich im Zusammenhang zeigt, worüber man nicht sprechen kann. Im Gespräch zeigt sich auch das Unaussprechliche – wenn es nicht zerredet wird. Im Spiel der wechselseitigen Andeutungen[229] erkennen sich die „Wissenden". Sehr schnell zeigt sich, ob der andere nur äußerlich das gleiche sagt und tut, oder auf einen ähnlichen Erfahrungskontext zurückgreift.

Besonders die Metaphern verbinden die Gesprächspartner sehr stark miteinander: Weil die Bedeutung der Worte in einen Bereich übertragen wurde, in dem das Wort normalerweise nicht verwendet wird, muß der Hörer einen kreativen Sprung in Richtung des Sprechers machen. Er appelliert an den Hörer, sich auf seine unkonventionelle Sicht einzulassen, um ihn zu verstehen. Andererseits gelingt die Wirkung der Metapher nur, wenn der Sprecher sich vorher bereits innerlich auf den Hörer zubewegt hat, so daß er annehmen kann, daß die Metapher glückt. Deshalb ist auch die Freude über eine verstandene Metapher viel tiefer als z.B. die über eine richtig „verstandene" Telefonnummer. Die Wissensmobilisierung über metaphorische Geschichten ist also besonders kreativitätsfördernd und *vertrauensbildend*. Vor allem das vertiefte Vertrauen ist eine Grundlage dafür, daß auch das Wissen über Irrtümer und Mißerfolge verfügbar wird, denn solches Wissen wird bestenfalls in vertrauensvollen Gesprächen weitergegeben, aber kaum in schriftlicher Dokumentation einer unabsehbaren Verwendung zur Verfügung gestellt.

Hören Sie zum Schluß dieses Abschnitts über die Methoden der Wissensmobilisierung noch einen kleinen Ausschnitt aus einem „wissensübermittelnden" Gespräch über einen Kunden: „Der Ohrenberg, na ja, das ist ein Mensch wie ein Gewitter!" „So polternd?" „Nein, eher so klärend; da knallt es zwar heftig, aber danach ist die Atmosphäre auch wieder sauber." Wie leichtfüßig ist der kurze Dialog in diesem Beispiel im Vergleich zu einem Versuch, das gleiche schriftlich auszudrücken – und deshalb läßt es der Memoschreiber lieber gleich weg und verzichtet so auf die Übermittlung des Wissens!

Zu den konkreten **Vorgehensweisen** bei Mobilisierung des Wissens im Unternehmen scheint es mir wichtig, drei Arbeitsfelder zu unter-

---

[228]Das Wort „Spur" ist hier verwendet als „sichtbarer Hinweis auf etwas Unsichtbares".
[229]Das, was dabei angedeutet wird, sind (zumindest gegenwärtig noch) nicht explizit oder genügend einfach darstellbare persönliche Erfahrungen.

scheiden, in denen vor allem die Führungskräfte auf unterschiedliche Weise gefordert sind.

1. Der erste Schritt besteht in einer *Identifizierung* der „Fundorte wertvollen Wissens", also der Stellen und Gelegenheiten, an denen sich dieses Wissen entwickelt und weiterentwickelt. Das setzt zunächst eine Entscheidung darüber voraus, welche Wissensbereiche einen besonders hohen Einfluß auf die Entwicklung des Unternehmens und seine strategische Positionierung (aus Kundensicht, im Vergleich zum Wettbewerb) besitzen. Anschließend geht es darum, interne und / oder externe Personen zu finden, die an der lebendigen Entwicklung dieser Wissensbereiche aktiv teilhaben. Das bedeutet formal, daß sie aufgrund eigener Erfahrung oder eigenen Denkens neue Kontexte bilden. Dabei ist es vor allem wichtig, nicht nur auf die Wissensbestandteile zu achten, die eindeutig, klar und gut bestätigt sind. Wertvolles neues Wissen ist zunächst vage, widerspricht der Erfahrung und ist eher implizit als explizit[230]. Deshalb sprechen viele Menschen zunächst nicht gern darüber. Die Rolle der Führungskräfte besteht in diesem Feld vorwiegend darin, Gesprächsräume zu schaffen, in denen solche Gedanken zunächst einmal spielerisch, z.B. in Szenarien, „weitergesponnen" werden können.

2. Im zweiten Schritt geht es um die *Reflexion und Abstraktion*. Das implizite und persönlich gebundene Wissen soll explizit und für viele verfügbar werden. Dabei gilt natürlich all das, was wir inzwischen zur Bildung und „Übermittlung" von Wissen gesagt haben. Der Zugang zu bisher unbewußten Teilen des eigenen Wissens und seine „Nachbildung" bei anderen finden im Gespräch statt. Für die Führungskräfte geht es in diesem Feld vor allem darum, soziale Prozesse zu inszenieren, in denen das effizient und effektiv geschieht. Das bedeutet im Kern, durch interessante Fälle und Fragen genügend Anregung und Orientierung zu schaffen, damit das Wissen einerseits in Bewegung gerät und an die Oberfläche kommt, aber andererseits vor allem durch Fragen so viel Struktur zu bieten, daß das hervortretende Wissen nicht „übersehen" und

---

[230]Mir scheint in diesem Bereich auch eine pragmatische Lösung für den alten Wunsch nach einem „Frühwarnsystem" zu liegen. Während Kennzahlsysteme u.ä. immer auf den ursprünglich erdachten Beobachtungsraum beschränkt bleiben, sind menschliche Beobachter viel offener für dessen Veränderung.

EPILOG

damit wieder verloren wird.

3. Der konsequente dritte Schritt ist die *Sicherung* der Ergebnisse von Reflexion und Abstraktion, entweder durch den „festen Einbau" in Arbeitsprozesse oder durch von der Führungskraft bewußt gesteuerte Lernvorgänge. Wie wir bereits gesehen haben, sind die Lernprozesse dabei der typische Fall, und die bedeuten nichts anderes, als daß Mitarbeiter aus einem erweiterten Wissen heraus letztlich gewohnheitsmäßig anders als bisher handeln sollen. In diesem Feld besteht die Rolle der Führungskräfte darin, diesen mehr oder weniger langwierigen Prozeß bewußt durch verschiedene Phasen und Widerstände hindurch zu begleiten. Solange keine Veränderung des Denkens und Handelns beobachtbar ist, hat entweder noch keine Wissensbildung stattgefunden, oder sie ist bisher wertlos geblieben.

Diese besonderen Führungsrollen setzen voraus, daß Führungskräfte die Wirkmechanismen der Wissensbildung verstehen, die damit verbundenen sozialen Prozesse moderieren können und in der Lage sind, eigene und fremde Lernprozesse gezielt zu steuern. Nach der Erfahrung bei panlogos sind Führungskräfte entgegen einem verbreiteten Selbstbild nur sehr selten ohne eine gezielte Vorbereitung dazu in der Lage. Die Fähigkeiten der Führungskräfte sind damit auch entgegen der allgemeinen Vorstellung der größte Engpaß (oder der wirkungsstärkste Hebel) bei der Erfüllung der mit „Wissensmanagement" verbundenen Wünsche.

Dies gilt natürlich auch deshalb, weil die Führungskräfte den größten Einfluß auf die Eignung der systemischen **Rahmenbedingungen** für die Mobilisierung des Wissens ausüben. Diese „Rahmenbedingungen" erhalten ihre Bedeutung weniger deshalb, weil die Mobilisierung des Wissens durch sie gelingt, sondern sie sind eher mit der Frage verbunden ist, ob sie mißlingt. Es handelt sich um grundsätzliche Arten des Verständnisses und der Haltung gegenüber dem Wissen.

- Zunächst geht es um das *Grundverständnis* von Wissen als etwas, daß vorwiegend durch Interaktion entsteht und nur im Rahmen von Interaktion verläßlich „übermittelt" werden kann, sich also der Speicherung, dem Transport und dem Management weitestgehend entzieht. Solange dieses Grundverständnis fehlt, erhalten die sozialen Prozesse, in denen sich Wissen entwickelt und weiterentwickelt, immer zu wenig Zeit und Budget.

- Ein projekthaftes *Arbeitsverständnis* (fallorientiert und interdisziplinär, d.h. unterschiedliches Wissen immer neu kombinierend) statt einer Orientierung an Funktionen oder Sparten sichert produktive Differenz im Gespräch über einen Fall in gemeinsamer Verantwortung. Solange dieses Arbeitsverständnis fehlt, entstehen statt dieser produktiven Differenz nur gegenseitige Bestätigungen auf der einen und kontraproduktive Abstimmungsprobleme zwischen Bereichen mit getrennter Verantwortung auf der anderen Seite.

- Schließlich erfordert die Mobilisierung des Wissens ein *Wertverständnis*, das in allen Führungssystemen die Weitergabe anstelle der Hortung von Wissen belohnt. Das scheint mir übrigens leichter meßbar, als man auf den ersten Blick denkt: Man könnte ja einmal die Wissensempfänger fragen. Solange jedoch dieses Wertverständnis fehlt, ist die Entwicklung und Weiterentwicklung von Wissen[231] wesentlich blockiert.

Zusammenfassend kann man jetzt folgendes sagen: wenn wir, ...

- ... ausgehend von einem wissensorientierten Grundverständnis, Arbeitsverständnis und Wertverständnis, ...

- ... durch Führungsarbeit Gesprächsräume bilden, in denen neues Wissen sichtbar werden kann, soziale Prozesse schaffen, in denen Wissen verfügbar wird und Lernprozesse steuern, in denen wir das entstandene Wissen sichern, dann ...

- ... haben wir die Voraussetzungen dafür geschaffen, daß in von Geschichten getragenen, vertrauensbildenden Dialogen gemeinsames Wissen entsteht und so die Mobilisierung des Wissens gelingt.

Der Ausgangspunkt unserer Reise war die wachsende Bedeutung des Wissens für die *strategische Kraft* von Unternehmen. Es geht darum, internes und externes Wissen so zu nutzen, daß Differenzierungskraft im Wettbewerb um die Kunden entsteht. Der so entstehende Vorsprung liegt dann offensichtlich weniger im Bereich von Daten und Informationen, denn auf die hat gerade in der heutigen Zeit fast jeder Zugriff. Im Gegenteil: Wenn die Flut der Daten und Informationen weiter anhält,

---

[231] Das gilt übrigens auch für die Weiterentwicklung des Wissens jedes Einzelnen, soweit er dafür die Ergänzung neuer Blickwinkel durch andere braucht.

EPILOG 169

wird sogar eine wachsende Möglichkeit der direkten Wertschöpfung gegenüber Kunden darin bestehen schlicht Informationen in Wissen zu verwandeln[232].

Wenn die strategische Kraft also im Wissen gründet, dann ist es durchaus existenzbedrohend, wenn dieses Wissen im Laufe der Zeit „unbeweglich" wird – und zwar sowohl in bezug auf die (interne) *Weitergabe* als auch auf die *Weiterentwicklung*. Dabei geht es in bezug auf die *heutige* Unterscheidungskraft darum, daß von einzelnen gebildetes Wissen personenübergreifend als „collective mind" (Karl Weick) wirkt, konsistentes Handeln erzeugt und so eine Einzigartigkeit des Unternehmens nach innen (Identität) wie nach außen (Wettbewerbsvorteile) schafft. Bei der *zukünftigen* Unterscheidungskraft geht es zusätzlich darum, daß durch neue Bezüge neue Kontexte entstehen und damit neues Wissen gebildet wird. In beiden Fällen kommt es darauf an, daß Wissen durch Mobilisierung in Bewegung bleibt.

Das im Unternehmen vorhandene Wissen darüber, was aus Kundensicht Unterscheidungskraft hat, und was man nachhaltig besser als andere kann (oder könnte), ist einerseits in seiner Trägheit das Haupthindernis und andererseits der zentrale Ausgangspunkt für jede strategische Entwicklung. Deswegen bedarf es einerseits einer gefühlvollen Prozeßsteuerung, die der Bildung neuen Wissens, die immer in der Gefahr schwebt zurückzufallen, Bewegung und Konsistenz sichert. Zum anderen muß das *Wissen* zunächst einmal *für das Gespräch verfügbar* gemacht werden, ohne es dabei auf Information und Daten zu reduzieren. Dazu hat Olaf Rughase im ersten Band der Reihe Cosco ein Verfahren vorgestellt, um das im Dialog entstehende Wissen über Kunden und deren Einschätzung des eigenen Unternehmens abzubilden und in den Prozeß der Strategieentwicklung einzufügen. Mit dem Buch von Jörg Fengler liegt nun eine Methode vor, um die eigene Kompetenz und deren Entwicklungsmöglichkeiten zu erfassen. Wiederum sind offen strukturierte Gespräche der Ausgangspunkt. Sie führen schließlich zu einer quantitativen Abbildung dessen, was das Unternehmen über sich selbst weiß – und diese bildet den Halt für einen produktiven, selbstreflektierenden Diskurs im weiteren Startegieprozeß.

Wenn wir in der Verantwortung für Unternehmen weder vor der Informationsflut kapitulieren, noch zum Informations – Junkie werden wollen, dann sind es solche Methoden, mit denen wir den Produktions-

---

[232] Daß hieße z.B. für Tageszeitungen, daß die Bedeutung des Kommentars im Vergleich zu den Nachrichten zunimmt.

faktor „Wissen" für uns erschließen können. Sie zielen eher darauf, sich in „gärtnerischer Achtsamkeit" um das Wissen zu kümmern, als es vereinnahmen zu wollen. „Wissensmobilisierung" erfordert, daß wir eine dazu geeignete Haltung entwickeln. Aber es ist natürlich viel leichter so zu tun, als könnten wir uns „Wissensmanagement" kaufen ...

7 Literaturverzeichnis

AAKER, D.: „Managing Assets and Skills: the Key to a Sustainable Competitive Advantage", in: California Management review, Winter 1989, S. 91-106

ABELL, D.F.: „Defining the Business: the Starting Point of Strategic Planning", Prentice Hall, Englewood Cliffs, 1980

ACKOFF, R.L.: „Redesigning the Future", Wiley-Interscience, New York, 1974

ACKOFF, R.L: „Ackoff's Best", John Wiley&Sons, New York, 1999

ALCHIAN, A.A.: „Uncertainty, Evolution, and Economic Theory", in: Journal of Political Economy, LVIII, 1950, S. 211-221

AMIT, R.; Schoemaker, P.J.H.: „Strategic Assets and Organizational Rent", in: Strategic Management Journal, Vol. 14, 1993, S. 33-46

ANSOFF, H.I.: „Strategic Issue Management", in: Strategic Management Journal, Vol. 1, 1980, S. 131-148

ATTESLANDER, P. ET AL.: „Methoden der empirischen Sozialforschung", 6., neu bearbeitete und erweiterte Aufl., Walter de Gruyter Verlag, Berlin / New York, 1991

BAETGE, J.: „Bilanzen"; 4. Aufl., IDW-Verlag, Düsseldorf, 1996

BARNEY, J.B.: „Asset Stocks and Sustained Competitive Advantage: a Comment", in: Management Science, Vol. 35, No. 12, December 1989, S. 1511-1513

BARNEY, J.B.: „Firm Resources and Sustained Competitive Advantage", in: Journal of Management, Vol. 17, March 1991

BARNEY, J.B.: „Organizational Culture: Can It Be a Source of Sustained Competitive Advantage?", in: Academy of Management Review, Vol. 11, No. 3, 1986, S. 656-665

BARNEY, J.B.: „Types of Competition and the Theory of Strategy: Toward an Integrative Framework", in: Academy of Management Review, Vol. 11, Nr. 4, 1986, S. 791-800

BEA, F.X.; HAAS, J.: „Strategisches Management", Lucius&Lucius Verlagsgesellschaft, Stuttgart, 1997

BHARADWAJ, S.G.; VARADARAJAN, P.R.; FAHY, J.: „Sustainable Competitive Advantage in Service Industries: a Conceptual Model and Research Propositions", in: Journal of Marketing, Vol. 57, October 1993, S. 83-99

BOGAERT, I.; MARTENS, R.; VAN CAUWENBERGH, A.: „Strategy as a Situational Puzzle: The Fit of Components", in: Hamel, G.; Heene, A.: „Competence Based Competition", John Wiley&Sons, New York, 1994, S. 57-74

BOGNER, W.C.; THOMAS, H.: „Core Competence and Competitive Advantage: A Model and Illustrative Evidence from the Pharmaceutical Industry", in: Hamel, G.; Heene, A.: „Competence Based Competition", John Wiley&Sons, New York, 1994, S. 111-144

BOHNSACK, R.: „Rekonstruktive Sozialforschung", Leske+Budrich, Opladen, 1993

BRANDENBURGER, A.M.; NALEBUFF, B.J.: „The Right Game: Use Game Theory to Shape Strategy", in: Harvard Business Review, July-August 1995, S. 57-71

BREALEY, R.A.; MYERS, S.C.: „Principles of Corporate finance", 5th ed., McGraw-Hill, New York, 1996

BUZAN, T.: „Kopf Training", Wilhelm Goldmann Verlag, München, 1984

BUZELL, R.D.; GALE, G.T.: „The PIMS Principles – Linking Strategy to Performance", New York, London, 1987

BUZZELL, R.D.; GALE, B.T.; SULTAN, R.G.M.: „Market Share – a Key to Profitability", in: Harvard Business Review, January-February, 1975, S. 97-106

COLLIS, D.J.; MONTGOMERY, C.A.: „Competing on Resources: Strategy in the 1990s", in: Harvard Business Review, July-August 1995, S. 118-128

COPELAND, T; KOLLER, T.; MURRIN, J.: „Valuation", 2nd ed., John Wiley&Sons, New York, 1996

DE LEO, F.: „Understanding the Roots of Your Competitive Advantage. From Product/Market Competition to Competition As a Multiplelayer Game", in: : Hamel, G.; Heene, A.: „Competence Based Competition", a.a.O., S. 35-55

DER SPIEGEL Nr. 21 vom 24.05.1999

DIERICKX, I.; COOL, K.: „Asset Stock Accumulation and Sustainability of Competitive Advantage", in: Management Science, Vol. 35, No. 12, December 1989, S. 1504-1510

EDEN, C.; ACKERMANN, F.: „Making Strategy", Sage Publications, London, 1998

EDVINSSON, L.; MALONE, M.S.: „Intellectual Capital", HarperCollins Publishers, New York, 1997

EISENHARDT, K.; ZBARACKI, M.J.: „Strategic Decision Making", in: Strategic Management Journal, Vol. 13, 1992, S. 17-37

FOSS, N.J.; ERIKSEN, B.: „Competitive Advantage and Industry Capabilities", in: Montgomery, C.A. (ed.): „Resource-based and Evolutionary Theories of the Firm", Kluwer Academic Publishers, Boston/ Dordrecht/ London, 1995, S. 43-69

FRIEDRICHS, J.: „Methoden empirischer Sozialforschung", Rowohlt-Verlag, Reinbek bei Hamburg, 1973

GRANT, R.M.: „Contemporary Strategy analysis", Blackwell Publishers Ltd., Cambridge MA, Oxford 1996

GRANT, R.M.: „The resource-based theory of competitive advantage: implications for strategy formulation", California Management Review, Vol. 33, 1991, S. 114-135

GUSTAVSSON, P.; MELIN, L.; MACDONALD, S.: „Learning to Glocalize", in: Advances in Strategic Management, Vol. 10B, 1994, S. 255-288

HALL, R.: „A Framework Linking Intangible Resources and Capabilities to Sustainable Competitive Advantage", in: Strategic Management Journal, Vol. 14, 1993, S. 607-618 HALL, R.: „The Strategic Analysis of Intangible Resources", in: Strategic Management Journal, Vol. 13, 1992, S. 135-144

HAMEL, G.: „Reinventing the Basis for Competition", in: Gibson, R. (ed.): „Rethinking the Future", a.a.O., S. 77-91

HAMEL, G.: „Stategy Innovation and the Quest For Value", in: Sloan Management Review, Winter 1998, S. 7-14

HAMEL, G.: „Strategy as Revolution", in: Harvard Business Review, July-August 1996, S. 69-82

HAMEL, G.; HEENE, A.: „Competence Based Competition", John Wiley&Sons, New York, 1994

HAMEL, G.; PRAHALAD, C.K.: „Competing for the Future", Harvard Business School Press, Boston, 1994

HAMEL, G.; PRAHALAD, C.K.: „Strategy as Stretch and Leverage", in: Harvard Business Review, March-April 1993, S. 75-84

HAYEK, F.A.: „Der Wettbewerb als Entdeckungsverfahren", in: „Freiburger Studien – Gesammelte Aufsätze", 2. Aufl., J.C.B. Mohr, Tübingen, 1994, S. 249-265

HELLELOID, D.; SIMONIN, B.: „Organizational Learning and a Firm's Core Competence", in: Hamel, G.; Heene, A.: „Competence Based Competition", John Wiley&Sons, New York, 1994, S. 213-239

HENDERSON, B.D.: „Geht es um Strategie – schlag nach bei Darwin!", in: Montgomery, C.A.; Porter, M.E: „Strategie", Wirtschaftsverlag Carl Ueberreuter, Wien, 1996, S. 3-12

HINTERHUBER, H.H.: „Strategische Unternehmensführung I – Strategisches Denken", Walter de Gruyter, Berlin, New York, 1992

HINTERHUBER, H.H.; HANDLBAUER, G.; MATZLER, K.: „Kundenzufriedenheit durch Kernkompetenzen", Carl Hanser Verlag, München/ Wien, 1997

HORX, M; WIPPERMANN, P.: „Was ist Trendforschung?", Econ Verlag, Düsseldorf, 1996

HUBER, G.P.; POWER, D.J.: „Research Notes and Communications – Retrospective Reports of Strategic-level Managers: Guidelines For Increasing Their Accuracy", in: Strategic Management Journal, Vol. 6, 1985, S. 171-180

HUGL, U.: „Qualitative Inhaltsanalyse und Mind-mapping", Gabler-Verlag, Wiesbaden, 1995

JOHANSSON, B.: „Kreativität und Marketing", 2., überarbeitete und gekürzte Auflage, Verlag Peter Lang, Bern, 1997

KLEIN, J.A.; HISCOCKS, P.G.: „Competence-based Competition: A Practical Toolkit", in: Hamel, G.; Heene, A.: „Competence Based Competition", John Wiley&Sons, New York, 1994, S. 183-212

KNUDSEN, C.: „Theories of the Firm, Strategic Management and Leadership", in: Montgomery, C.A. (ed.): „Resource-based and Evolutionary Theories of the Firm", Kluwer Academic Publishers, Boston/ Dordrecht/ London, 1995, S. 179-217

KOGUT, B.; ZANDER, U.: „Knowledge of the Firm, Combinative Capabilities, and the Replication of Technology", in: Organization Science, Vol. 3, Nr. 3, August 1992., S. 383-397

LEONARD-BARTON, D.: „Core Capabilities and Core Rigidities", in: Strategic Management Journal, Vol. 13, 1992, S. 111-125

LEVINTHAL, D.A.: „Strategic Management and the Exploration of Diversity", in: Montgomery, C.A. (ed.): „Resource-based and Evolutionary Theories of the Firm", Kluwer Academic Publishers, Boston/ Dordrecht/ London, 1995, S. 19-42

LIEBL, F.: „Simulation", 2., überarbeitete Aufl., R. Oldenbourg Verlag, München, Wien, 1995

LIEBL, F.: „Strategische Frühaufklärung – Trends, Issues, Stakeholders", R. Oldenbourg Verlag, München, Wien, 1996

LYLES, M.A.; THOMAS, H.: „Strategic Problem Formulation: Biases and Assumptions Embedded in Alternative Decision Making-Models", in: Journal of Management Studies, Vol. 25, No. 2, 1988, S. 131-145

MAHONEY, J.T.; PANDIAN, J.R.: „The Resource-based View Within the Conversation of Strategic Management", in: Strategic Management Journal, Vol. 13, 1992, S. 363-380

MCFARLIN, D.; SWEENEY, P.D.: „Distributive and Procedural Justice as Predictors of Satisfaction With Personal and Organizational Outcomes", in: Academy of Management Journal, Vol. 35, No. 3, 1992, S. 626-637

MILES, M.B.; HUBERMAN, A.M.: „Qualitative Data Analysis", 2nd ed., SAGE Publications, Thousand Oaks/London/New Dehli, 1994

MINTZBERG, H.: „The Fall and Rise of Strategic Planning", in: Harvard Business Review, January-February 1994, S. 107-114

MONTGOMERY, C.A. (ED.): „Resource-based and Evolutionary Theories of the Firm", Kluwer Academic Publishers, Boston/ Dordrecht/ London, 1995

MONTGOMERY, C.A.: „Of Diamonds and Rust: A New Look at Resources", in: Montgomery, C.A. (ed.): „Resource-based and Evolutionary Theories of the Firm", Kluwer Academic Publishers, Boston/ Dordrecht/ London, 1995

NELSON, R.; WINTER, S.: „An Evolutionary Theory of Economic Change", Belknap Press, Cambridge MA, 1982

NELSON, R.: „Why Do Firms Differ, and How Does It Matter?", in: Strategic Management Journal, Vol. 12, 1991, S. 61-74

PENROSE, E.T.: „The Theory of the Growth of the Firm", Basil Blackwell, Oxford, 1959

PETERAF, M.A.: „The Cornerstone of Competitive Advantage: A Resource-based View", in: Strategic Management Journal, Vol. 14, 1993, S. 179-191

PORTER, M.E.: „Competitive Advantage", The free Press, New York, 1985

PORTER, M.E.: „Creating Tomorrow's Advantages", in: Gibson, R. (ed.): „Rethinking the Future", Nicholas Brealey Publishing, London, 1997, S. 49-61

PORTER, M.E.: „Towards a Dynamic Theory of Strategy", Strategic Management Journal, Vol.12, 1991, S. 95-117

PORTER, M.E.: „Wettbewerbsstrategie", 8. Aufl., Campus Verlag, Frankfurt/Main, 1995

PORTER, M.E.: „What is Strategy?", Harvard Business Review, November-December 1996, S. 61-78

PRAHALAD, C.K.; BETTIS, R.A.: „The Dominant Logic: a New Linkage between Diversity and Performance", in: Strategic Management Journal, Vol. 7, 1986, S. 485-501

PRAHALAD, C.K.; HAMEL, G.: „The Core Competence of the Corporation", in: Harvard Business Review, May-June 1990, S. 79-91

RAPPAPORT, A.: „Shareholder Value: Wertsteigerung als Maßstab für die Unternehmensführung", Schäffer-Poeschel, Stuttgart, 1994

RASCHE, C.: „Wettbewerbsvorteile durch Kernkompetenzen", Gabler Verlag, Wiesbaden, 1994

REID, D.M.: „Operationalizing Strategic Planning", in: Strategic Management Journal, Vol. 10, 1989, S. 553-567

REINECKE, J.: „Interviewer- und Befragtenverhalten", Westdeutscher Verlag, Opladen, 1991

RUGHASE, O.G.: „Jenseits der Balanced Scorecard: Strategische Wettbewerbsvorteile messen", Logos-Verlag, Berlin, 1999

RUMELT, R.P.: „How much Does Industry Matter?", in: Strategic Managment Journal, Vol. 12, 1991, S. 167-185

SCHILDBACH, TH.: „Der handelsrechtliche Jahresabschluß", 3. Aufl., Verlag NWB, Herne/Berlin, 1992

SCHOEFFLER, S.; BUZZELL, R.D.; HEANY, D.F.: „Impact of Strategic Planning on Profit Performance", in: Harvard Business Review, March-April, 1974, S. 137-145

STEINMANN, H.; SCHREYÖGG, G.: „Management", Gabler Verlag, Wiesbaden, 1993

TEECE, D.J.; PISANO, G.; SHUEN, A.: „Dynamic Capabilities and Strategic Management", in: Strategic Management Journal, Vol. 18, No. 7, 1997, S. 509-533

TURNER, D.; CRAWFORD, M.: „Managing Current and Future Competitive Performance: The Role of Competence", Hamel, G.; Heene, A.: „Competence Based Competition", John Wiley&Sons, New York, 1994, S. 241-263

VERDIN, P.J.; WILLIAMSON, P.J.: „Core Competences, Competitive Advantage and Market Analysis: Forging the Links", Hamel, G.; Heene, A.: „Competence Based Competition", John Wiley&Sons, New York, 1994, S. 77-110

WERNERFELT, B.: „A Resource-based View of the Firm", in: Strategic Management Journal, Vol. 5, 1984, S. 171-180

WOO, C.Y.; COOPER, A.C.: „The Surprising Case For Low Market Share", in: Harvard Business Review, November-December, 1982, S. 106-113

WOOLDRIDGE, B.; FLOYD, S.W.: „The Strategy Process, Middle Management Involvement, and Organizational Performance", in: Strategic Management Journal, Vol. 11, 1990, S. 231-241

Autorenhinweise:

Dipl. oec. Jörg Fengler, geb. 1971, studierte Betriebswirtschaftslehre mit kulturwissenschaftlichem Schwerpunkt Anglistik und Amerikanistik an der Universität Mannheim und Wirtschaftswissenschaften an der Universität Witten/Herdecke. Seit 1999 arbeitet er für eine große amerikanische Unternehmensberatungsgesellschaft. Arbeitsschwerpunkte: Strategisches Management (hier insbesondere unternehmenswertorientierte Methoden der Strategieentwicklung und ressourcenorientierte Ansätze), daneben Handelstheorie und wirtschaftliche Entwicklung Südostasiens.
(e-mail: joerg_fengler@hotmail.com)

Prof. Dr. Franz Liebl, geb. 1960, studierte Betriebswirtschaft an der Universität München. Von 1986-1994 war er Mitarbeiter am Lehrstuhl für Systemforschung bei Prof. Dr. Hanssmann. Er promovierte im Jahre 1991 zum Dr. oec. publ. und habilitierte sich im Jahre 1994 für das Fach Betriebswirtschaftslehre. Von 1994 bis 1998 war er Inhaber des Lehrstuhls für Allgemeine und Quantitative Betriebswirtschaftslehre an der Universität Witten/Herdecke. Seit 1998 ist er Inhaber des Aral-Stiftungslehrstuhls für Strategisches Marketing an der Universität Witten/Herdecke. Seine Forschungsschwerpunkte umfassen: Strategische Planung, Issue-Management und Wissensverarbeitung.
(e-mail: franzl@uni-wh.de)

Dipl.-Betriebswirt Till Novotny, geb. 1956, studierte Betriebswirtschaftslehre an der European Business School in Frankfurt, Paris und London. Von 1979 bis 1989 verschiedene Führungsfunktionen in den Bereichen Planung, Controlling und Informationsverarbeitung. Seit 1983 nebenberufliche Tätigkeit als Berater für strategische Planung und Führungssysteme. Seit 1989 hauptberufliche Beratungsarbeit. Gründer der panlogos GmbH, Offenbach. Arbeitsschwerpunkte: die Förderung der Lebenskraft von Unternehmen durch identitätsbildende Strategiearbeit, wertorientierte Führungssysteme und wirkungsbewußtes Führungshandeln.
(e-mail: tn@panlogos.de)